宏观展现和微观表达

中国博物馆协会服装与设计博物馆专业委员会
2022年研讨会论文集

赵丰 王淑娟 主编

中国纺织出版社有限公司

内 容 提 要

中国博物馆协会服装与设计博物馆专业委员会2022年第一届学术研讨会以"共享服装魅力，设计美好生活"为主题，从对服装的认知、发展及传承等方面深入解读服装文化的内涵，以博物馆服务于人民美好生活为出发点，探讨博物馆设计的发展方向。本书汇集了研讨会专家发言及学者投稿的16篇文章，从"策展思路与方式研究""社会教育与创新模式探讨""馆藏服饰与艺术品研究"三个方面对服装与设计类博物馆的相关工作内容进行研究探讨。本书适用于服装专业师生学习参考，也可供博物馆相关从业者阅读收藏。

图书在版编目（CIP）数据

宏观展现和微观表达：中国博物馆协会服装与设计博物馆专业委员会2022年研讨会论文集/赵丰，王淑娟主编． -- 北京：中国纺织出版社有限公司，2023.12

ISBN 978-7-5229-1206-6

Ⅰ．①宏… Ⅱ．①赵… ②王… Ⅲ．①服装设计－博物馆－工作－中国－文集 Ⅳ．① G269.629-53

中国国家版本馆 CIP 数据核字（2023）第 212050 号

责任编辑：孙成成　施　琦　　责任校对：高　涵
责任印制：王艳丽

中国纺织出版社有限公司出版发行
地址：北京市朝阳区百子湾东里 A407 号楼　邮政编码：100124
销售电话：010—67004422　传真：010—87155801
http://www.c-textilep.com
中国纺织出版社天猫旗舰店
官方微博 http://weibo.com/2119887771
北京华联印刷有限公司印刷　各地新华书店经销
2023 年 12 月第 1 版第 1 次印刷
开本：710×1000　1/16　印张：13
字数：200 千字　定价：168.00 元

凡购本书，如有缺页、倒页、脱页，由本社图书营销中心调换

序 PREFACE

　　此书是中国博物馆协会服装与设计博物馆专业委员会（以下简称服设专委会）更名之后的第一次学术会议的第一本论文集，我们已经期待了很久。

　　服设专委会的前身是服装专委会，这一专委会于2006年5月成立，当时的牵头人是北京服装学院民族服饰博物馆的杨源馆长。在她的领导下，专委会做了很多工作，特别是以学术会议为平台，与博物馆内外的相关领域专家学者共同开展传统纺织与服饰研究。据不完全统计，专委会曾于2006年6月举办"服饰文物保护与研究"学术研讨会，2014年11月举办"服装历史、文化、技艺与发展"学术研讨会，2018年11月举办"新时代服装博物馆现状与发展"学术研讨会。

　　2021年，服设专委会完成了换届和更名工作，新的专委会目前有100家团体会员单位，分布在全国22个省市及自治区，秘书处设立在中国丝绸博物馆。在中国博物馆协会的领导下，专委会的主要任务是服务各会员单位，同时也联动社会各界领域专家，合作开展中国纺织、服装和设计文化遗产的研究、传承和弘扬，其中年度性的工作计划是举办一次学术研讨会和专题研修班。

　　服设专委会的第一次学术研讨会于2022年第九届郑州"博博会"期间得以顺利举办，当时的主题是"共享服装魅力，设计美好生活"。拟从对服装的认知、发展及传承等方面深入解读服饰文化的内涵，以博物馆服务于人民美好生活为出发点,探讨博物馆设计的发展方向。这一会议得到了中国博物馆协会的指导,也得到了全体会员的支持。

经过较长时间的准备,专委会秘书处终于完成了第一次研讨会的论文编辑整理,一共收录16篇文章,分为三大版块。

第一版块是关于策展思路及方式研究。共有五篇文章收于这一版块。用旗袍来展示民国时期的时尚和生活,是从生活和社会史的角度展开的研究;用服饰来做好民族文化的展览,是在象征人类学的视野下开展的研究;对西方时装主题展览的观察,是中国博物馆人考察西方博物馆的研究视角。许多角度都是新的角度。

第二版块是社会教育与创新模式探讨,这里的讨论也是百花齐放,各个与服装和设计相关的博物馆都会结合自身的特点特别是展览的内容来进行社教活动的策划与设计。其中有作者对服装与设计类博物馆的美育教育进行研究思考,有作者对服饰类博物馆社教活动策划思路的指导和评论,有作者针对某个官服展览探讨教育活动的具体设计,还有作者对服饰文化与文创产业之间的发展进行了探讨,启人思考。

当然,博物馆的首要研究工作是对藏品的研究,所以第三版块聚焦于每个馆自己的藏品研究,相关内容也是精彩纷呈。其中涉及的有战国时期的龙凤虎纹绣,有北宋时期的职役足衣,存量较大的服饰藏品还是在清代和民国之际,其中包括晚清"大拉翅"的结构研究,清代外销玻璃油画中人物服饰,清代摇曳生辉的马面裙,还有民国时期的旗袍面料和近代儿童服饰研究。

江宁织造博物馆的许梦馆员在本次研讨会上所发表文章是《博物馆服装类展览主题的宏观展现和微观表达》,文章不仅从她自己多年的展览设计经验出发,同时也结合服设专委会成员中一大批服装类博物馆展览的信息数据分析,分别对展览主题设计中存在的以审美体验为导向的宏观展现手法和以信息输出为目的的微观表达方法进行了较详细的论述。这一论述的内容和方法,都与本次研讨会的主题和焦点非常吻合,所以我们特别选择此篇论文题目中的"宏观展现和微观表达"作为本论文集的书名。

服设专委会的第一次会议对我们来说只是一个开始,希望日后可以把这一工作做得更好。2023年第二次研讨会已经完成,论文编辑整理工作也正在进行中。在此,再一次感谢中国博物馆协会的指导和支持,也感谢中国纺织出版社有限公司的全力合作。期待今后的论文集质量不断提高,内容也愈加精美。

2023年10月

目录

《 第一版块 》 策展思路与方式研究

用旗袍服饰书写民国时期的时尚生活
　　——以"衷藏雅尚　海上流晖"的策展实践为例　　　　　张　霞 / 2
编码与解码：象征人类学视角下少数民族服饰展览优化策略研究　孙唯祎 / 17
历史沿革与时代转向
　　——从西方博物馆服装展览到时尚策展　　　　　　　　　佟季阳 / 31
如何合办民族服饰展，让民族遗产"活"起来
　　——以中国丝绸博物馆"桂风壮韵——壮族服饰文化展"为例　金　琳 / 40
博物馆服装类展览主题的宏观展现和微观表达　　　　　　　　许　梦 / 56

《 第二版块 》 社会教育与创新模式探讨

服装与设计博物馆的美育浸润研究　　　　　　　　　　　　　程伟明 / 64
浅谈服饰类展览的社教活动策划思路　　　　　　　　　　　　余楠楠 / 74

中国夏布服饰文化资源创意产业发展研究 　　　　　　　　　　刘　欢 / 84

跨界办展，博物馆服饰展览研究

　　——"见服知官，识饰知品"明代官服文化展活动设计探讨　　张倩红 / 95

《 第三版块 》 馆藏服饰与艺术品研究

又见低帮鞋：基于馆藏文物的北宋职役足衣研究　　　　　　　黄智高 / 108

晚清"大拉翅"的结构研究与3D仿真复原　　　　　　　李华文，苏日娜 / 122

清代外销玻璃油画中人物服饰在中西文化交流中的影响研究　　马桂纯 / 137

摇曳生辉的马面裙

　　——清华大学艺术博物馆藏马面裙撷英　　　　　　　　　高文静 / 145

民国旗袍面料的研究　　　　　　　　　　段　玲，贾一亮，蒋国荣 / 155

锦绣春晖

　　——浅析辽宁省博物馆馆藏近代儿童服饰品的

　　　　风格与特点　　　　　　　　　　　　　　　　袁　芳，左　宏 / 167

从龙凤虎纹绣看先秦绣品中凤纹的流行与传播　　杨汝林，徐　铮，王淑娟 / 182

策展思路与方式研究

第一版块

用旗袍服饰书写民国时期的时尚生活

——以"衷藏雅尚 海上流晖"的策展实践为例

张 霞[1]

> **摘要：** 2018年8月上海市历史博物馆举办的"衷藏雅尚 海上流晖——王水衷捐赠服饰展"是一个民国时期上海文化视角的研究型展览，通过72件旗袍服饰展示了民国时期上海地区的商业文化、时尚生活、摩登女性和染织工业。展览在研究型文本的主导下进行形式设计，在展项、布景、道具等方面均有所创新。本文通过对展览的回顾分析阐释如何书写一个研究型服饰展览的文本，并对未来的服饰研究和展览提出一些设想和建议。
>
> **关键词：** 旗袍服饰；展览策划；时尚生活；上海文化

上海市历史博物馆在筹建新馆的过程中，收到许多热心于博物馆事业的社会人士的慷慨捐赠，支持博物馆的研究、展陈和文化传播，其中最具有代表性的大宗捐赠当属台北中华文物学会理事长王水衷先生捐赠的民国服饰三百余件。为了答谢王水衷先生的公益善举，馆方在开馆之际，策划举办了"衷藏雅尚 海上流晖——王水衷捐赠服饰展"。笔者谨将此次服饰展览的策展理念、实践过程和反思设想作简要概述，与同行同道探讨研究。

---

[1] 张霞，上海市历史博物馆副研究馆员。

一、文化视角的研究型文本设计

1. 近年旗袍展览情况述略

旗袍的形成和发展主要在20世纪初期的上海，但当代博物馆策划旗袍展览一般不辨析地域概念，而是将它纳入中国近代服饰史的范畴，作为服饰嬗变的一个阶段。中国丝绸博物馆和东华大学纺织服饰博物馆因专业之故，在基本陈列中都对这一段的服饰做了展示。中国丝绸博物馆以张爱玲的"更衣记"为这一基本陈列命名，庶几奠定了民国以来服饰展览的基调。

上海学者宋露霞专门收藏名媛旗袍，开设了上海老旗袍珍品馆。宋女士对老上海的名门望族有长期的研究，2017年策划"家族的故事——顾维钧家族旗袍展"，2018年策划"中华风采——宋氏三姐妹及其家族成员旗袍展"，所展示的名媛旗袍和家族历史文物都极有价值，是旗袍服饰展览中不可替代的作品。

2018年广东省博物馆举办"百年时尚：香港长衫故事"展，以香港女装长衫的沿革、因缘、缝制和长衫潮流下的商品广告为线索展示女装长衫，提供了很有价值的视角。在英文翻译中，旗袍一般译为长衫，可能是一种以广粤长衫为旗袍正宗的文化语言。笔者认为上海的旗袍和广粤的长衫可能有共性也有差异，由于我们的研究和展陈注重旗袍服饰与上海文化的关系❶，在英语翻译时与译者反复商榷，决定使用拼音直译为QIPAO。事实上，2012年5月中国台湾辅仁大学举办"旗丽时代"展览时已注意到这一点[1]。

上海市历史博物馆的前身可以追溯至创办于1937年的上海市博物馆历史部，当时场馆的基本陈列设有纺织板块，历史部主任徐蔚南撰有《上海棉布》《顾绣考》，纺织服饰的收藏和展示原是上海历史博物馆的特色和传统，曾举办过"绣罗云裳""衣袭华美"等服饰展览。"绣罗云裳"是与云南省博物馆联合举办的服饰展，展示旗袍服饰和云南民族服饰。"衣袭华美"是较为经典的旗袍服饰展，以旗袍服饰的嬗变和工艺为主要线索，从晚清女装展示至当代旗袍，长期在国内各博物馆巡展。

基于对以上情况的调查，我们决定避开通常做法，撰写一个民国时期上海文化视角的研究型文本。

---

❶ 在展览中因宣传之故多使用"海派文化"这一名称，但笔者认为旗袍虽形成、发展于上海，实际与江南区域内所流行的旗袍服饰大致相似，而海派文化这一说法也有一定的争议，故在论文中改为"上海文化"。

2. 展品选择与文本书写

这批旗袍是民国普通中产阶层女性的日常穿着，时间以20世纪30～40年代为主。概括来说它们具备以下特点：第一，这是普遍性大于特殊性的成批量文物，是研究历史文化的物质史料；第二，文物所承载的直接信息主要集中在染织技术、纹样图案、款式设计方面；第三，文物在老照片、老电影、老期刊中可以找到较好的对应。基于这样的情况，笔者设想将这批旗袍服饰还原至它们被制造并穿着的年代，来展示民国的都市时尚生活。

如果给时尚生活一个定义，笔者认为应当是时代的风尚，包括服饰装扮、生活方式、文化思潮等。民国时期的上海是一个特殊的地区，从历史的纵轴来看，它是数千年传统社会向现代社会转型的核心区域❶；从世界的横轴来看，它又是辐射至世界各地的枢纽区域。上海的都市生活具有多样性和复杂性，根据笔者的认识，近代上海有三个领域最为重要，分别是商业、工业和文化。文化领域包括文学、美术、电影等，许多知识分子或艺人同时参与多种文化活动。工业、商业有时也与文化行业交织，比如出版物的创作和编辑是文化行为，但出版印刷是工业活动，又如服装设计是文化行为，但染织技术属于工业，进入销售环节又属于商业。一般来说，传统的研究方式会将商业的归于商业，工业的归于工业，文化的归于文化，而这些领域又逐细分支研究。当代学者陈建华有一本有趣的小书叫作《陆小曼·1927·上海》[2]，以如题所示区域和时间段中的人物活动为主线，研究当时的社会文化面貌。笔者认为这是一种将复杂的社会文化面貌解构，再以一条主线对之进行重构的写作，颇有些类似设计理论中的打散构成，是一种深入浅出的文化传播方式。"衷藏雅尚"展的文本撰写主要就是参照这样的方式来进行，将复杂多样的社会文化面貌解构，再以旗袍服饰为主线进行重构，设计为一个完整的作品。

民国时期与服装有关的文化线索大致有：服装的设计与销售，染织工业与服装的关系，服饰的变化和制度、风气的关系，出版物上的人物或服饰插画对服饰变化的影响，文艺作品中的服饰语言等。由于这些块面几乎涵盖了当时社会生活的每个角落，衣食住行衣为首，把服饰文化视为对社会风尚和时代风气的引领绝不为过，但"服制"一词似乎就不适合用在这一时段，比如中山装并非由于国民政府颁布《服制条例》和媒体宣传而流行的史实也得到当代学者的翔实考订[3]。女性服饰的情况也相类

---

❶ 笔者使用"区域"而非"城市"的概念，是因为城市是人为划定的行政单位，或者是由因军事防御而形成的城池沿革而来，而区域则是由于自然和人文地理环境自然而然形成的。

似，从现存的影像资料来看，在正式场合女性着装有上袄下裙、旗袍、西式套装等多种形式。相较于同时期其他款式的服装，旗袍服饰流传较多，在笔者看来是一种历史删汰的自然结果❶，一方面说明它是服装史上的经典款式，另一方面说明它是承载了历史文化内容的重要文物。基于这样的情况，笔者以旗袍服饰为主线，将展览设计为"1+3"的结构，即引言和三个正式章节。由于展览内容多涉及电影素材，并使用故事性较强的语言来撰写，特将章节标题拟为"幕"，以塑造整体的电影感。

序幕"文明思潮 旗袍风尚"用清代旗女袍服、长马甲、西式连衣裙三件女装简单描述旗袍服饰是从传统袍服而来并以西式连衣裙方式穿着的现代时装，以此基调拉开旗袍流行时期社会风貌和生活时尚正片的帷幕。

第一幕"时尚盛宴 文化沙龙"通过旗袍服饰展示摩登都市生活，通俗来说也可理解为物质文化的创造与享乐。这一幕由三个片段构成，开篇以民国时期上海著名的百货公司所出品的旗袍服饰来展示当时的商业文化。学者熊月之曾提出海派文化具有商业性、大众性、多变性、世界性四大特点，将商业性列于首位是有依据的，上海地区自形成聚落以来，就和贸易活动密切相关。展览选取先施公司的紫色裹里真丝长袖夹旗袍、永安公司的红色衬绒提花缎长袖夹旗袍、新新公司的满地提花缎无袖单旗袍对比陈列，衬以新新公司的印花伞、服装包装盒等（图1），一方面是对当时品牌服饰的展示，另一方面也是对品牌公司的展示。

图1 "衷藏雅尚 海上流晖"第一幕中的"商店里的摩登服饰"

❶ 穿着者的保留和收藏者的搜集是人的行为，人的行为是历史的重要组成部分。

第二个片段通过云裳时装公司讲述时装实业的创业、时装表演、时装设计的情况。云裳公司的特殊性在于它是一家由沪上文人和美术家等社会名流合作开设的服装公司，股东包括徐志摩、周瘦鹃、胡适、张禹九等文化名流。知名女性张幼仪、唐瑛、陆小曼与公司的经营都有关系。因此它的经营和活动常常带有文化沙龙的性质，是展示时尚生活全景的绝佳案例。比如公司开幕的当日，《上海画报》《北洋画报》都为此作大篇报道，作家包天笑在《晶报》上发表《到云裳去》一文，详细介绍公司情况，都是当时文化界的盛事。

这一部分除了将与公司相关女性穿着旗袍的图像与相似款式的旗袍作对比陈列之外，重点展示的是与云裳时装公司有关的旗袍服饰时装表演。我们找到了两张关于时装表演的图像，一张为云裳公司参加汽车展览会时的时装表演（图2）；一张为1930年第三届国货运动大会上务本女校学生的旗袍表演，所穿着旗袍为云裳公司提供（图3）。从图像上来看，1927年的旗袍比较接近传统袍服或上衣，但下半身没有系裤或着裙，而是改穿袜子。局部元素上则有倒大袖、锯齿边等特色，服饰本身的时尚感较强。1930年的旗袍则更像司空见惯的普通连衣裙，笔者认为这是旗袍从单纯的服装款式走向精神内涵的变化过程，因此在这里我们将重点放在前者，而将后者留待下一个部分展示。配合时装表演上的服饰特点，我们选择了设计上较为特别的旗袍来作为展品（图4）。其中绿地提花镶花边真丝倒大袖旗袍展示了倒大袖、锯齿边和大循环提花纹样的情况；粉色镶花边缎面中袖单旗袍和条纹提花镶花边缎面长袖夹旗袍则展示了夸张的缘边；蓝色蕾丝中袖单旗袍展示了独特的蕾丝面料，在这批旗袍中有多件使用蕾丝面料制作的旗袍，一定程度上也显示了当时女性的审美品位。

图2　1927年云裳公司时装表演（图片来源:《上海画报》）

图3　1930年务本女校学生的旗袍表演（图片来源:《良友》）

图4 "衷藏雅尚 海上流晖"第一幕中的"时尚秀场"

第三个片段是以美术为主导的旗袍设计。这一个片段由时尚杂志所呈现的旗袍和相似款式的旗袍展品构成。有学者提到我国民国时期相较于法国、美国,服装最具中国特色的核心即是美术,主要是从时装表演的美学传播价值来解释这一观点[4]。民国时期的服装设计最早是以插画的形式出现的,而面料纹样的设计师又多学习染织工艺出身,具有至少一半工艺美术家的身份,我们在这一部分试图呈现的是这一块的内容。在《玲珑》《妇女画报》等期刊上,有一些叶浅予、方雪鸪等人的设计作品,恰好与我们收藏的旗袍款式或纹样相似,就借机将它们对比陈列出来。值得一提的是,当时出现了许多妇女杂志,可以《良友》旗下的《妇人画报》和《玲珑》为代表。这些杂志所关注的内容包括女性的妆容和服饰,发布欧洲的流行资讯,引导大众的生活方式和进步思想,探讨"什么是真正的摩登"的话题,甚至对于女权问题的探讨也已经很热烈。这方面的内容我们在这个展览中未作过多展示,仅制作了一个室内家居布置的场景,穿插在下一个单元,以期关注旗袍服饰的学者和爱好者也关注当时媒体对于时尚生活的书写。

第二幕"现代女性 摩登生活",民国旗袍是当时进步女性的名片符号,这是近百年历史沉淀之后是人们公认的,因此我们在这一幕以风情各异的旗袍服饰来讲摩登女性的故事。需要指出的是,这一部分不同于名人旗袍的展示,讲究服饰本身的归属和名分，我们所展示的旗袍虽与知名女性所穿着的款式或花色相同，但它们属于民国上海没有留下姓名的普通女性。由于展览的场地和时间限制，我们选取具有代表性的女演员、女画家、女作家三个群体和其中的代表性人物来象征性地讲述普罗大众的故事❶，通过挖掘一些关注度较少的人物或人物身上较少被提及的方面来辅助展陈，当然这些人物或方面必须符合旗袍精神和女性文化的主旨。

第一个片段是女演员群体。我们选取具有代表性的女演员穿着旗袍的照片，描述她们的经历，配合相似款式的旗袍实物来展示，是一种展示女性穿着品位的尝试。此外，特别将阮玲玉的荧幕形象作为案例做了一个专题展项"凤凰涅槃"（图5）。阮玲玉于1930年加入联华影业公司，拍摄了许多进步电影，塑造了大量新女性的形象。联华影业公司的创始人黎民伟曾参加过同盟会，深受西方思想和革命思潮的影响，是孙中山的崇拜者，喜爱穿着中山装。公司汇聚进步人士，拍摄进步电影，对电影的服饰语言有一定影响。展项中我们选取了《野草闲花》《三个摩登女性》《神女》《新女性》中阮玲玉穿着旗袍的形象，与款式接近的旗袍实物对比展陈，让观众体会服饰语

图5 "衷藏雅尚 海上流晖"第二幕中"凤凰涅槃"展项局部

---

❶ "大众"是一个模糊的指称，在研究中笔者感到旗袍主要还是受过一定教育的女性所经常穿着的服饰，在底层人民身上更多见的还是上衣下裤的穿着，但今天所留下的实物和影像较少，而哪些群体才是影响历史文化发展进程的主要力量，则是其他学科研究的问题。

言与人物的关系。如咖啡地印花真丝中袖单旗袍,印花纹样为几何花卉纹,其几何纹样是横条加上竖条波浪,与蔡楚生导演的《新女性》中阮玲玉所饰演的女教师韦明穿着的几何纹旗袍非常相似,几何纹和尖角的波浪纹样昭示着人物棱角分明的性格。而这类纹样的印花旗袍在许多民国期刊、画报和照片中都能看到,是时髦而知性的女性喜爱的风格。

第二个片段我们选取了女性画家群体来展示与其相匹配的旗袍服饰(图6),一方面由于民国时期美术主导服装和面料设计以及大众审美和美育教育颇受重视;另一方面民国时期的女画家也喜爱穿着旗袍,并为自己画下了穿着旗袍的自画像。其中最具有代表性的是方君璧和潘玉良。方君璧的油画《肖像》中的女子身穿白色旗袍,齐耳卷发,手中握着古籍书卷,是当时知识女性的典型形象——知识结构和思想体系是传统文化,又接受了西方文明和审美的影响。这一部分油画形象和旗袍实物的匹配度较低,我们采取了以较有设计感、格调高雅的旗袍来展示女性画家的艺术气息。

第三个片段是女性作家的群体。这个群体与旗袍服饰的关系也有其独特之处。比如张爱玲对于服装的偏好是被载入史册的,她的好友柯灵描写她穿着旗袍的形象道:"那大概是七月里的一天,张爱玲穿着丝质碎花旗袍,色泽淡雅,也就是当时上海小姐普通的装束"。这个群体有的本身是作家、学者,有的是作家、学者的妻子,从这

图6 "衷藏雅尚 海上流晖"第二幕中"对镜写真 描画灵魂"展项

个角度来看是最直观的知识女性的代表，因此在这一部分我们主要选取碎花旗袍来与图像和文字记录对照展示。正如柯灵文字中所记载的，展览使用这样的曲笔来作匹配意在告诉观众，由于这些无主名旗袍实物的存在，无论文字记录的是谁，当时大家穿着的衣服、享受的时尚生活是相同的。

第三幕"民族工业　上海制造"主要展示纺织工业和旗袍工艺两个片段。纺织工业是近现代上海的支柱产业，一方面，丝织业从明清江南三织造的手工时代逐步转向以杭州和上海为中心的工业时代；另一方面，晚清以来上海由于江南制造局的兴办而逐渐成为工业城市。在纺织面料上最为经典的案例就是著名的阴丹士林合成染料，许多作家或学者写到过阴丹士林蓝，视之为知识女性的精神名片，比如汪曾祺写到西南联大的女性以穿着阴丹士林旗袍外罩红色毛衣为时尚，又如沈从文在给张兆和的家书中称赞巴金的妻子陈蕴珍的可爱为"性格中的阴丹士林"[5]。展览中即展示了两件阴丹士林蓝旗袍，并配合以阴丹士林的广告牌，广告牌上印有不同色号的阴丹士林染料所染布样，可借以更正许多人对于阴丹士林只有蓝色的误解。由于合成染料的制造是民国时期上海的特色工业，印花旗袍成了非常独特的门类，在这一片段也选取了一些印花上别有特色的旗袍来进行展示，比如带有抽象画风的粉地印花八字襟无袖单旗袍，其印花纹样的肆意挥洒与织造的纹样具有本质的区别，后者受限于织机的运作，从设计上来讲是一种工业设计。

第二个片段展示旗袍的工艺，并不强调手工制作的技法，而是意在展示量体裁衣、量身定制的特点与服制变化的关系。中国古代讲究服制，对服饰的面料、款式、颜色等均有明确规定。这一现象在明清时期的江南地区已经逐渐打破，民国以后政府多有禁止缠足、裹胸之类的政令颁布，这些行为伴随着妇女运动而来，目的是关注妇女的健康，在服饰穿着上则更尊重身体[6]。因此在这一部分重点选取直身旗袍、胸省旗袍和腰省旗袍来排列展示旗袍从平面到立体裁剪的变化，是旗袍越来越贴合女性身体特征的明证。

3. 关于研究型文本的反思

一个研究型文本要撰写到什么程度，展项、布景、道具等是否纳入文本的范畴，是笔者关注的问题。根据文本设计与落地效果的对比来看，笔者认为一个理想的研究型文本应当涵盖以下内容中至少一条，涵盖越多则落地效果越好。

第一版块　策展思路与方式研究

（1）对展陈文物本身的研究和书写

博物馆对文物的研究包括对文物本体的观察和描述，研究其工艺、价值和用途，对文物进行科学检测分析，研究文物背后的历史等。应用到展览中则大致可以概括为展示文物本身的特征、工艺、价值用途，讲述文物所承载的故事，以文物呈现历史文化研究三种情况。2015年6月，杭州西湖博物馆举办的"丝路之绸：起源、传播与交流"展属于第三种情况，以丝绸之路上出土的纺织品为研究对象，展示它所承载的经济、文化、科技、艺术[7]。展览的结尾部分展示了袁震和丝织厂、都锦生丝织厂等处织造的像景织物，已将"丝路之绸"概念的下限拓展至民国时代。"衷藏雅尚"展文化视角的文本设计即是对民国旗袍这一具有典型性的服饰作"丝路之绸"概念的研究和书写。

（2）对专题展项的研究型设计

博物馆展览的专题展项，应区别于打卡点，或与打卡点相结合，但须是一种由研究策展人员来主导的文本故事。"衷藏雅尚"展有三个专题展项，分别为第一幕的"云想衣裳花想容"，以云裳时装公司的旗袍故事展示上海的文化品牌、文化沙龙、时尚秀场、先锋设计；第二幕的"凤凰涅槃"，以联华影业公司出品阮玲玉主演的进步影片中的旗袍形象展示摩登女性追寻自我的风采；第三幕配合旗袍工艺的展示搭建裁缝铺场景展项，形式设计的成分居多。

（3）提炼形式设计的线索并主导设计语言

展览除了展示文物和文化的基本职能之外，一定程度上也是一种文艺作品的创作，但又并非天马行空式的挥洒，而近似闻一多比喻格律诗所说的"戴着镣铐跳舞"。因此文本设计者需对所撰写的内容进行提炼，为形式设计提供线索和与语言相一致的设计语言。本展览用旗袍服饰展示民国时期的时尚生活，所涉内容和叙事语言故事性极强，因此对形式设计提出了时尚感、舞台感、电影画面感等要求。

（4）研究型专题影片和辅助型互动体验

由于影片对展览的传播效果可能比展陈文物更强烈，一般较为大型的展览都会专门拍摄影片辅助展陈，有时是对展览的提炼概括，有时是对文本知识的梳理补充，等等。本展览的专题影片由拍摄团队创作完成，是对展览内容的补充和延伸。影片讲述三个旗袍故事，分别为由阮玲玉穿着旗袍的月份牌引申至杭稚英的月份牌仕女画创作，由纺织染料引申至德孚洋行的染料生产，由包天笑对云裳公司的推文引申至当时

11

文化界的争议。笔者认为好的编剧和导演与策展人一样，是有独立思想的个体，对电影语言的把握比博物馆工作人员更好，可以借策划展览之机，给予他们进行原创的平台，是比较有效的合作共赢方式。

二、文本主导下的形式设计

"衷藏雅尚"展的形式设计是在文本的主导下进行的，因此落地效果较好。为了配合展陈内容的故事性，我们在整体的设计和场景的搭建上，通过复原老照片和经典电影、使用文物或文物复制件作为道具、注重材料的质感等方式来创造沉浸式效果，力求使观众踏进展厅便有穿梭于民国上海的体验。

1. 文本主导的展项和背景

展览共有三个展项，第一个展项"云想衣裳花想容"，制作云裳时装公司场景。受限于场地的空间限制，不能搭建一个真实的公司大厅空间，我们采取搭建门首的方式来制作这一场景（图7）。很幸运找到一张云裳时装公司正门的历史影像，但照片

图7　第一幕"云想衣裳花想容"展项中的云裳时装公司场景

较为模糊,设计师选取其中部分元素进行了再创作。首先依仿图像所示,制作实木大门和格子橱窗,木质雕刻的中英文招牌,在侧边挖出一个小型空间,放置留声机和沙发,以制造向内的延伸感。墙面均采用砖头砌成,与真实建筑无异,观众走过此场景,犹如在街道上行经云裳时装公司,透过玻璃橱窗向内张望,可以看见公司大厅里的留声机和沙发,本展项所陈列的留声机和沙发均为文物。

第二个展项"凤凰涅槃",布置与阮玲玉主演的进步影片相匹配的场景。这个场景包括两个部分,首先是陈列阮玲玉本人穿着旗袍的照片和联华影业公司出品电影的照片,为了使观众的注意力集中在观赏图像和旗袍实物上,我们淡化这一场景的设计,仅采取垂置纱幔的形式作为背景,制造舞台幕布的效果,是一种写意手法的尝试。第二个部分是顺延阮玲玉新女性形象而搭建的女性室内家居场景,同时也呼应上一个章节所提到的时尚杂志对于时尚生活的记录和影响。这一场景我们参考关景鹏导演的影片《阮玲玉》中阮玲玉家中客厅陈设来制作,同样由于空间条件所限,场景搭置在展厅角落部位,仅搭建带有窗户的客厅一角。客厅中所陈列的艺术装饰风格(Art Deco)桌椅橱柜等家具均为文物,窗户使用木框加窗帘,木框内投放一分钟的影片,影片内容为从影像资料中截取的老上海街道场景。

第三个展项"民族工业 上海制造"展示旗袍制作工艺,搭建裁缝铺场景展项(图8)。该项场景是参考老照片、影像资料截切、拼接而成的再创作,在墙面上制作

图8 第三幕"民族工业 上海制造"中的裁缝铺场景

格子窗与前两个展项的元素相呼应，放置裁缝桌和衣架等物品，墙面上挂饰月份牌，以旗袍展品作为裁缝铺的成衣来展示。这一场景的搭建初衷是让观众走进其中拍照留念，因此所使用的道具大多为新制作，仅陈列在裁缝桌上的裁缝工具为文物。

总体来说，通过对历史影像或电影素材的模仿与再创作，使用效果逼真的材料制作场景，将文物展品融入场景中展示，是本展览展项设计的最大特色。

2. 展示空间创新设计

展览的空间分布是决定展线是否流畅，展品是否能够有效展示的重要因素。"衷藏雅尚"展的总体空间分布比较简单，在500平方米的长方形展厅中间作隔断，切分为环绕式的三个部分，但在每一个内容单元的空间设计上都做了特别定制。如展厅的背景整体选用紫色调，在时装表演的单元空间，设计师特别使用鲜亮的大红色，配合该处款式较为夸张时尚的旗袍，又在该单元对面搭建圆形蛋糕台装置展示拖地旗袍，与时装表演空间形成时尚的对话（图9）。在展示旗袍面料染织工业的空间，在藏青色背景上交错铺陈顶天立地的印花面料，作为点题之笔。一般的陈列展览尤其小型空间，背景板通常使用直线的平面，本展览大胆采用弧形背景板，以配合旗袍服饰玲珑有致的特点，制作难度很高，但效果极佳。

3. 关于旗袍人台和辅材的设计想法

旗袍的展示多使用T形架或人台，T形架能够展示几乎所有平肩旗袍，平铺的展陈方式也有利于观众观看文物的局部细节，但无法展示旗袍婀娜多姿的风韵，因此我们还是选取了一部分旗袍使用人台进行展示。在测量这批旗

图9 展厅中的圆形和弧形设计实景

袍之后，我们发现它们的尺寸较当代服饰小很多，肩胸处尤为狭窄，普通的成年人台基本无法穿着，总体使用6～8岁的童装人台才能比较宽裕，但肩、胸、臀处余量很大，难以支撑出曲线效果，同时人台颈部露出部分也较为影响展陈效果。基于这样的现状我们采取了以下措施：第一，切除人台颈部，做好包裹以防刮伤旗袍；第二，在胸部垫胸衬，在臀部包裹塑料薄膜来弥补童装人台没有曲线的缺陷。

处理过的人台基本上能够达到预期的展陈效果，做好包裹防护措施也可以不刮伤丝质面料，但从本质上来说仍属于临时性违章搭建。因此笔者想到是否能够制作一套专门的民国旗袍的衬衣辅材，作为民国旗袍展览的常备道具。对于这种衬衣的设想大致为背心式低胸连体衣，尺寸依照6～8岁女童人台测量，使用的面料弹性要大，在胸部和臀部作可以加置插片的设计，类似女性内衣的插片。假如有这样一套衬衣辅材，那么使用人台来展示旗袍服饰就会变得便捷、安全很多。

三、小结：以研究型展览创建文化品牌的设想

近年来创建博物馆文化品牌是热门话题，很多大中型博物馆都有自己的旗帜和口号。笔者认为一个丰满的研究型展览可以为文化品牌的创建提供良好的基础，谨试以"衷藏雅尚"展为例作说明和设想。

1. 专题收藏与编目样本

旗袍服饰是本馆的特色收藏，在策划执行"衷藏雅尚"展的过程中，我们挑选了一百件旗袍服饰编制《衷藏雅尚　海上流晖——王水衷捐赠服饰精选》，图录中对旗袍服饰进行了详细的测量和著录，其标准依照《中国近现代海派服装史》对旗袍服饰的著录方式，录其领高、肩宽、衣长、胸宽、腰宽、摆宽、开衩方式、纽扣款式数量及分布。这样的著录不仅对服饰史的研究具有直接的价值，批量的数据一定程度上也显示了民国时期女性体型特征，对研究当时的人体、健康等均有一定价值，可以作为历史类博物馆编目的样本，今后的同类藏品征集也应当参照样本来选择去留。

2. 打造成系列的品牌展览

"衷藏雅尚"展是一个较为复杂的服饰文化展，许多板块的文化线索都可以拓展

延伸为更精细的小型展览，形成系列以打造和传播服饰文化的品牌。今年三月该系列的第一个衍生品"衷藏雅尚　海上流晖——上海市历史博物馆藏旗袍与女性文化展"在中国妇女儿童博物馆展出，是摘取原展中新女性的旗袍形象和生活方式部分，做了拓展和延伸，加入更多无名女性穿着旗袍的影像来进行展示。

3. 资源整合的合作倡议

中国博物馆协会服装与设计博物馆专业委员会给纺织服饰类博物馆提供了一个交流互鉴的平台，笔者认为不妨梳理专委会成员单位的特色馆藏和学术资源做一个抽象的资产重组和资源整合，方式可以多种多样。比如，中国丝绸博物馆的全球旗袍邀请展和本馆的"衷藏雅尚"系列展可以联合打造旗袍文化品牌。又如，长于民国时期西方时装收藏的博物馆可以和长于中国服饰收藏的博物馆联合举办更为完整的民国时尚展。再如，不同博物馆之间特色藏品和专长研究可以互相倚助，取长补短共同发展。

展览在策划过程中获得包铭新、卞向阳、高春明、李薇老师的指导，在此特别致谢。

参考文献：

[1] 林一雄."旗丽时代"策展纪实[J].台湾博物季刊，2013（3）：64-73.
[2] 陈建华.陆小曼·1927·上海[M].北京：商务印书馆，2017.
[3] 朱博伟，刘瑞璞.中山装的释义与史实[J].丝绸，2021（12）：80-85.
[4] 周松芳.民国衣裳：旧制度与新时尚[M].广州：南方日报出版社，2014.
[5] 张新颖.沈从文的后半生：1948-1988[M].上海：上海三联书店有限公司，2018.
[6] 王雅娟.民国报刊反女性束胸言论解读[J].学海，2014（3）.
[7] 赵丰.丝绸之路研究的框架性思考[N].中国文物报，2015-6-26.
[8] 卞向阳.中国近现代海派服装史[M].上海：东华大学出版社，2014.

第一版块　策展思路与方式研究

编码与解码：象征人类学视角下少数民族服饰展览优化策略研究

孙唯祎❶

摘要：成为博物馆藏品的民族服饰脱离与原有文化语境的联系，从记忆载体成为展览中供人欣赏的艺术品。在象征人类学理论指导下的少数民族服饰文化象征体系包含"象征符号""象征意义""连接两者的中间层"三层面。以象征体系为基础考察中国少数民族服饰展览，可知其存在象征体系各层次内容展示方式单一、深层次文化传播效率低，展示方式固化、观众体验需求难满足等问题。分别制定针对象征体系各层次内容的展示与阐释方式，通过改进展览主题、结构、展品展示及组合、辅助展品使用等方式，实现民族服饰文化全方位、深层次展示，搭建联结研究、展示、体验的服饰展览优化策略。

关键词：象征人类学；象征符号；少数民族服饰展览；优化策略

一、编码：少数民族服饰象征体系的理论依据与内涵

（一）少数民族服饰象征体系的理论依据

少数民族服饰因保护性、适应性功能而产生[1]，但随着少数民族不断发展，服饰材质、形式、颜色、图案由简到繁，不断体现着一个民族的生存环境、变迁历史，承载着民族精神信仰与审美文化。故不同于博物馆中的其他展品，民族服饰在制作与使

---

❶ 孙唯祎，四川大学历史文化学院博士研究生，主要研究方向为博物馆展览设计、博物馆观众。

用时便被赋予了超出遮蔽躯体、抵御寒冷等实用功能之外的识别、阐释、审美功能，其形制、纹饰、组合已成为具有象征意义的符号，人们借助非语言的服饰物质实体暗示主体观念意识、心理活动，以此实现信息传递、文化交流。

"编码"在象征人类学中便是指人们对某些常用符号赋予特定意涵，以便沟通者之间通过指定符号实现信息的传达与接收。瑞士语言学家弗尔迪南·德·索绪尔（Ferdinand de Saussure）指出，任何一个符号都是一个统一体，由"能指"（Signifier）与"所指"（Signified）两要素组成[2]。服饰实体表现的形制、纹饰、色彩、搭配便可感知的"能指"层面，其被赋予的意蕴是潜藏在符号中的、抽象的"所指"，而民俗活动、人生礼仪是使二者相结合的过渡层。在象征人类学家维克多·特纳（Victor Turner）的仪式象征理论中，象征符号的结构囊括"外在形式和可观察到的特点""仪式专家或普通人提供的解释""由人类学家挖掘出来、具有深远意义的语境"[3]。服饰上可感知的视觉要素、与服饰相关的民俗节庆及人生礼仪、服饰承载的深层意涵即对应该结构中的三层面内容。美国人类学家克利福德·格尔茨（Clifford Geertz）认为，文化是存在于符号中的意义模式，是通过符号形式进行表达、前后相承的概念系统，人们可以借助符号交流、保存、发展历史上传承积累的知识与经验。被传达的事物、内涵、文化、观念是象征的"意义"[4]。因此，民族服饰在制作、使用、留存过程中也经过了"编码"环节，成为传递信息与观念、具有特定结构的符号。

（二）少数民族服饰象征体系的内涵

1."象征符号"层面的内涵

少数民族服饰"象征符号"包括衣饰类、首饰类、装饰类服饰的形制、材质、色彩、图案等服饰外在可感知的信息载体。需强调的是，作为"象征符号"的服饰并非囊括人们制作的所有服饰，而是特定的、作为信息与情感传播媒介的服饰。

2."象征意义"层面的内涵

"象征意义"层面包含"象征符号"所指代的精神、心理、情感、审美层面内容。包括神话、历史、传说、图腾、祖先等信息[1]。此部分抽象内容基于一定群体中人们的联想、习俗，与可感知的服饰纹饰、色彩、形制交织，从而使民族服饰拥有象征意蕴。故该层面内容需通过观察服饰使用场景、与文化归属者交流，深入服饰制造、使用的时空、文化语境才能被释读。

3. 含民俗节庆、人生礼仪在内的"中间层"的内涵

象征符号并非在所有情况下都能传递信息，只有在社群特定活动中常常出现并获得所在社群认可与理解的某种或某些特定事物，才能成为传递信息、表达观念的符号载体[5]。故服饰象征体系也包括连接外在象征符号与内在意指对象之间的中间环节：民俗节庆、人生礼仪等与民族服饰相关的特定场合、仪式、习俗。在这些场合中，民族服饰得到展示与传承，并作为沟通民间文化、宗教信仰、情感态度等抽象内容与仪式、民俗活动、人生礼仪等具象形式的桥梁[6]。这一过程使"象征符号"与"象征意义"照应、联结，使象征体系得以被完整构建。如苗族褴裸上多出现蝴蝶纹，是因神话传说中"蝴蝶妈妈"形象是其始祖之一，拥有庇护新生儿的功能，该信仰观念通过"人生礼仪"这一环节体现在褴裸上。

二、象征人类学视角下少数民族服饰展览现存问题

少数民族服饰展览可根据展示主题、对象差异分为"展示多民族服饰的展览"与"展示单一民族服饰的展览"两个类别。笔者针对两类展览，从学科专业视角、公众传播视角出发，通过案例整理与分析、观众调查等方法，分析、总结象征人类学视角下该类展览现存的问题。

（一）学科专业视角下展览所存问题

1. 聚焦"象征符号"的展览叙事

现有少数民族服饰展览多以展现特定区域或特定民族内服饰的多样性为主题与目的，未体现民族服饰与民族发展历史、生产生活、精神信仰间的关系；未基于不同民族服饰阐述各民族在发展起源、经济贸易、宗教信仰上的交流；未基于广泛学术资料与研究成果提炼出一个具有社会价值、现实意义的主题。展览不仅是一场"固定"的"走秀"，更应该讲述民族故事、促进文化认同。展览标题作为展览的"眼睛"与"灵魂"反映主题提炼的结果[7]。该类展览主题的趋同与单调也反映在展览标题上，其标题多为："地域/（民族）+服饰展/（服饰文化展）"，缺乏对服饰特色、民族历史、各民族往来特征的提炼与强调。

此外，现有展览逻辑结构划分固化，未基于服饰象征意义构建有情节性、故事性、文化性的展览脉络。展览结构多依据服饰种类差异划分；依据服饰发展阶段、制作工艺差异划分；依据服饰所属民族、支系差异划分；依据服饰所在地域差异划分。展示多民族服饰的展览未利用服饰间的共性与差异，反映特定区域民族格局；展示单一民族服饰的展览未搭建使服饰与民族发展历史、民俗特征交织的逻辑结构。故仍以凸显服饰视觉层面特征、展示其多样性为目的，各部分间无吸引力强的叙事脉络。

展览也多以服饰外在表征差异为标准进行展品分类与组合，或将不同类别服饰进行较独立的集成式展示，或将上衣、下装、配饰组成独立展示套系，而非按服饰深层次信息跨品类、跨套系组合展品，缺少由多类、多套展品构筑的信息网络以支撑深层文化要点的传播。

2. 未考量各层次文化信息传播可及性差异的展品阐释

如前文所述，服饰"象征符号"层面信息可通过观众自主观察传播，而"象征意义"层面信息需观众深入表征，依托对民族礼仪、风俗等"中间层"内容的认知展开探索，传播难度高。然而，现有展览未将不同的阐释方式适配传播难易程度各异的各层级文化信息。固化、单一的展示形式使展览吸引力下降，较难理解的深层文化信息也难被读取，不利于引导缺乏专业背景的观众掌握服饰背后的文化内涵。

（二）公众传播视角下的展览瓶颈

以上问题也影响了公众对展览内容的理解效果。笔者针对展示单一民族服饰的广西民族博物馆"绚彩中华——中国布依族服饰展"与展示多民族服饰的云南民族博物馆"民族服饰与制作工艺"展览，就"展览吸引力""服饰文化象征体系信息传播效果""观众满意度"三方面，通过行为模式观察、问卷调查、半结构式访谈三种方法展开观众调查，结果显示展览在公众传播方面存在以下瓶颈。

1. 因展示内容与方式单一，展览把握能力差、展项吸引力呈递减趋势

观众行为模式观察结果显示，两类展览单一的展品种类、固定的展示形式导致展览整体吸引力低（"观看，未停下""停下观看，时间短"是受访者在展厅中最常见的状态）且吸引力随展览进行不断下降。因展示方式固化更严重，该现象在展示多民族服饰的展览中更为突出（图1、图2）。

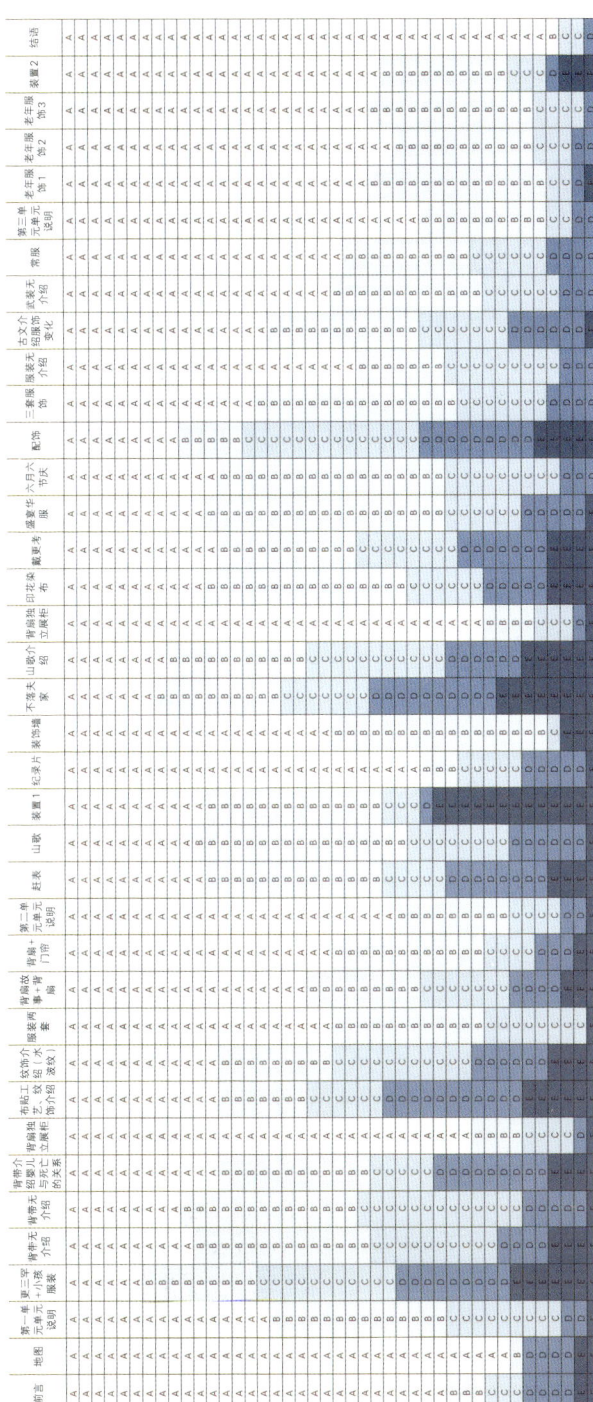

图 1 "绚彩中华——中国布依族服饰展"受访观众在各展项前的观展状态统计

展览分为38个展项，用ABCDE分别指代观众"观看""未观看""驻足观看，但未停下""驻足观看，时间短""驻足观看，投入程度较深""驻足观看并拍照或与同行者讨论或向展厅工作人员问询"五种状态

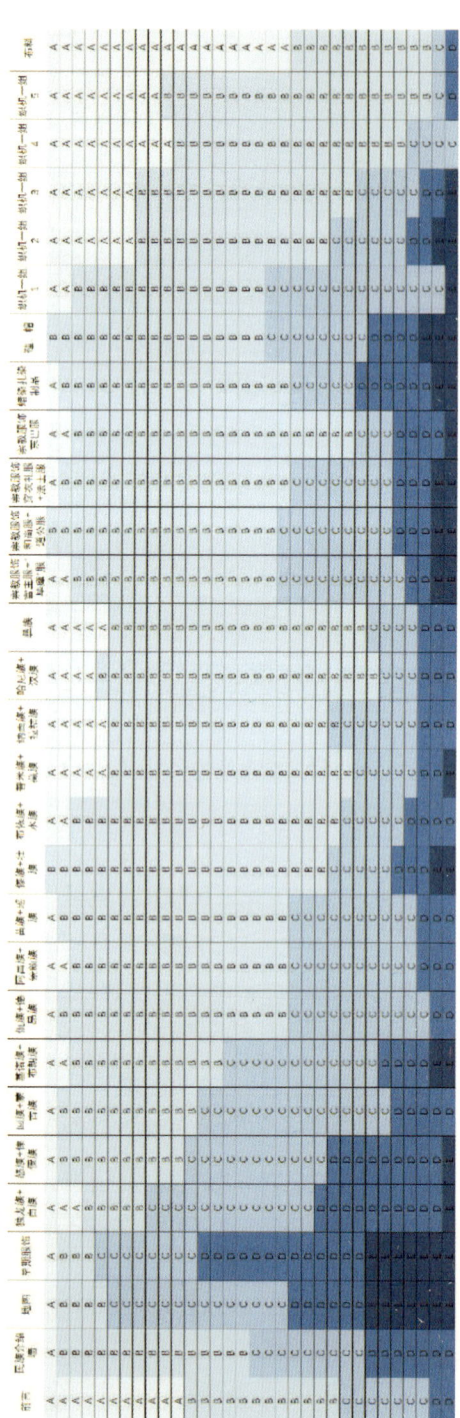

图2 "民族服饰与制作工艺"受访观众在各展项前的观展状态统计
展览分为29个展项，观众观展状态划分标准同上

2. 传播信息集中于"象征符号"层面,深层次文化信息传播效率低

"绚彩中华——中国布依族服饰展"以展品及图文展板为主要信息载体,传播布依族服饰象征体系各层级内容。为调查各层次信息传播效果,笔者对36位观众展开访谈,鼓励其说出与布依族服饰相关的名词、形容词、句子。结果显示观众使用服饰"象征符号"层面的词汇数量更丰富、范围更广泛、用词更精准、用词频次也更多(共被提及89次);而归属"中间层"的词汇种类、用词频次明显下降(共被提及44次);被提及的"象征意义"层面词汇则寥寥可数(共被提及2次)。该结果说明在阐释方式相似的情况下,观众对"象征符号"层面信息记忆深刻而深层次文化信息接收效果欠佳(图3)。

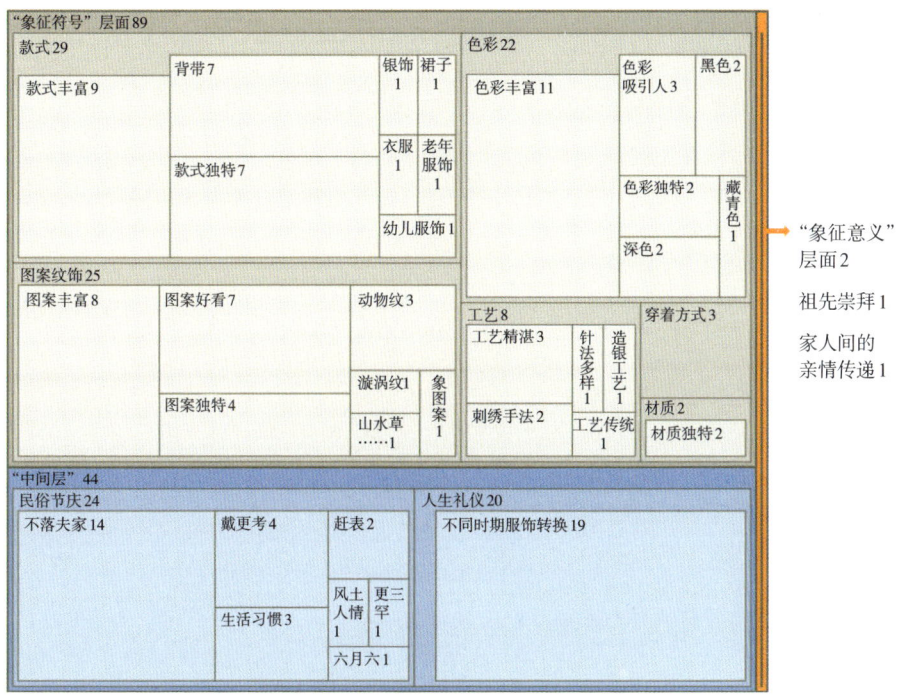

图3 反映观众对服饰文化象征体系不同层次信息的掌握情况的矩形树状图

3. 展览未满足观众认知与体验需求

笔者通过访谈了解到观众对少数民族的民俗活动、历史文化、精神信仰存在广泛认知兴趣(图4)。同时,观众期望通过观看、互动、体验等多种形式了解服饰信息并深入理解各民族文化特色。而现有展览未满足观众认知、体验兴趣与需求。

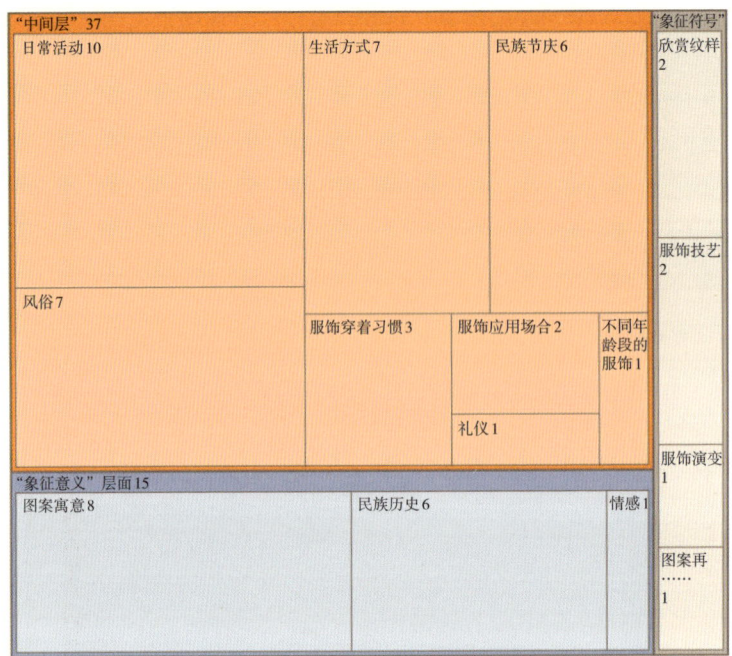

图4　反映观众对少数民族服饰文化的认知需求的矩形树状图

三、解码：构建展示少数民族服饰象征体系的优化策略

"解码"在象征人类学中指信息接收者对发送者使用的象征符号所包含的特殊意义进行读取与理解以实现信息传递的过程。拥有意指作用的象征符号均经历了发送者编码与接收者解码两过程，当信息接收者正确理解信息发送者在特定物品上赋予的特殊含义，信息交流过程才可完成。反之，若被编码信息未获认知则信息传递行为未对另一方或双方产生有效意义。大部分参观少数民族服饰展览的观众并非熟识民族文化的群体，无法成为独立的"解码者"，故"解码"在本文中指该类展览需通过策划与设计呈现象征体系各层面内容，辅助缺乏相关文化语境的观众实现对符号的读取（图5）。

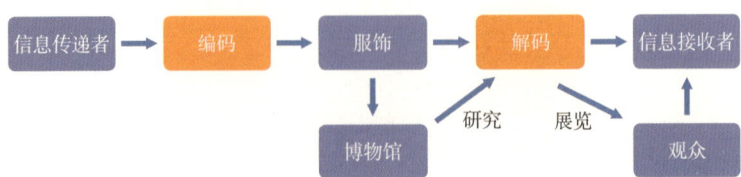

图5　编码、解码环节在服饰信息生成、传播、释读中的作用

（一）服饰象征体系在展览策划中的重要性

通过上述分析可知，此类展览现存困境为：传播信息集中于"象征符号"层面，深层次文化信息传播效果欠佳，难以满足观众认知需求；对各层次信息的展示方式单一，难以满足观众体验需求。在策划过程中重视民族服饰的象征体系属性能有效解决现存困境。一方面可借象征体系层次性，针对各层面信息内容特征与理解难易差异设计合理的阐释方式，引领观众由浅入深全方位理解服饰文化，以此发挥博物馆在文化展示中的中介作用，在藏品与观众间形成有效的互动和沟通机制[8]；另一方面，针对象征体系各层面信息设计各异的展示方式能丰富展示手段，弥补单一种类展品带来的枯燥之感，满足观众体验需求。

（二）"象征符号"展示特点与策略

在民族服饰文化象征符号层面，观众需正确认知各民族服饰形制、纹饰图案、色彩搭配、穿着方式、演变过程，并识别各民族服饰上最具独特性的亮点，以此为基点深入了解民族文化。该层面信息相对直观、易被获取，但服饰展品一方面类型单一，易使观众疲劳而错过部分信息；另一方面纹饰丰富、色彩多样，观众接触丰富信息而较难识别各服饰最具特色的部分、形成对不同民族服饰的印象与记忆。故展览不仅需选择合适、多样的展示方式以最大化呈现服饰信息，也要引导观众发现各民族服饰的亮点，在认知服饰特色后进一步探究其成因，实现对服饰文化的深度理解（图6）。

1. "量体裁衣"，扩大展示信息量

不同的服饰展示方式能满足不同需

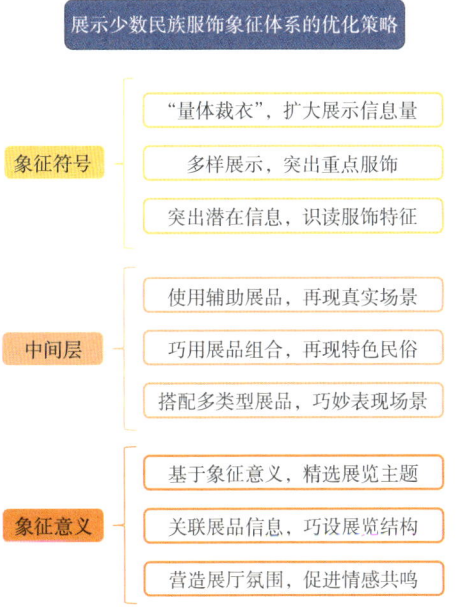

图6 展示少数民族服饰象征体系的优化策略

求：人模展示可呈现服饰穿着、搭配方式；平面铺排展示可满足近距离观赏需要；双边观赏通道展示可呈现服饰多面效果……故须根据服饰外在特征、核心信息"量体裁衣"，选择合适的展示方式。如云南省博物馆常设展选择垂直平面铺排的方式展示苗族百褶裙，使百褶裙的"伞状"特点、颜色组合与花纹变化得到完整展示。

2. 多样展示，突出重点服饰

展览一方面要通过多样化展示方式调动观众积极性；另一方面需通过设计展品位置、摆放方式、灯光色彩突出重点展品，使展览详略得当，引导观众集中注意力欣赏文化内涵更突出、与展览主题联系更紧密的展品。如贵州省民族博物馆"贵州世居民族历史文化展"似雪银花篇通过设计展品摆放位置、调节灯光等方式，在众多银饰中突出了一件重点展品"苗族银凤冠"，以传递其体现的"蝴蝶妈妈"崇拜、鸟崇拜信仰。

3. 突出潜在信息，识读服饰特征

观众在展览中不易从色彩缤纷、形制各异的服饰中识读其上最具民族风格、文化内涵的纹饰，故可将内涵丰厚的特色纹饰放置在拼图、多媒体等互动装置中，使观众在参与中识读服饰特征、产生探索欲。如广西民族博物馆"霓裳羽衣"展厅使用拼图装置，让观众在探索中观察特色纹饰。也可利用图片、展板纹样等形式突出服饰标志性特点。如"爱的密码——民族纹饰展"配合少数民族头饰，展出装饰有傈僳族、哈萨克族、布朗族头饰花纹的装置"公开的情书"，引导观众发现少数民族青年男女头饰上的情思。

（三）"中间层"展示特点与策略

英国社会人类学家马林诺夫斯基（Malinowski）指出："人们可以对属于物质文化事项的独木舟加以描述、拍照、供人欣赏，但若把一条独木舟标本摆在一位足不出户的学者面前，他无法认知独木舟的民族志真相。"[9]说明只有深入物品产生的社会环境、文化语境，才能理解其文化含义。故展览需展示与民族服饰符号相关的民俗节庆、人生礼仪等场合、情形、习俗，使观众感知在这一过程中服饰纹饰、颜色等具象要素被赋予的情感意涵。现有展览对该层面内容的展示有限且以文字介绍为主，易被观众忽视、误解。

1. 使用辅助展品，再现真实场景

视觉叙事有助于将博物馆文化传递给异质性的群体，使其被具有不同文化背景的观众接收与理解[8]。调查结果显示观众通过抽象的文字介绍不易理解、记忆此层面内容，故展览可通过使用图片、视频、场景复原、景观复原、交互技术等艺术的、科学的辅助展品实现情景再现，还原民俗活动与人生礼仪，搭建起"象征符号"与"象征意义"间的联系。

2. 巧用展品组合，再现特色民俗

展品是表现展览内容的主体，展品及其组合的差异对展览传播目的与效果有重大影响。好的展品组合能为观众提供条理清晰、层次分明、容易理解的历史画面[10]。故展览可以服饰相关民俗活动、人生礼仪为基点，考察、分类、组合展品，构筑展品间的信息关联，实现物物连接、共证主题，传递服饰制作者、使用者对物品倾注的感情，辅助观众认知服饰背后的象征意义。如中国民族博物馆"古典爱情——中国少数民族传统爱情文化展"中展出了数套哈尼族少女不同年龄段所着服饰，配合"破茧成蝶"的空间设计理念，展示了少数民族青年男女的成长过程与服饰的变化。将服饰的变化与成长、人生仪式相结合，反映出少数民族的爱情观、生育观。

3. 搭配多类型展品，巧妙表现场景

除使用辅助展品呈现民俗活动、节庆场景外，还可利用其他类型展品搭配服饰共同呈现相关场景。一方面节约经费，另一方面避免过量的场景复原占据展示空间。少数民族乐器、仪式器具的展示都可使观众走进民族活动、了解民风民俗。

（四）"象征意义"展示特点与策略

因观众的"他者"身份、"博物馆化"的服饰展品已脱离原生环境，心理层面内容较抽象而不易理解，"象征意义"层面信息不易通过服饰、文字表述、场景再现被直接识读。故要基于该层面信息提取展览主题与结构、营造展厅氛围，使服饰成为讲述民族文化、历史故事的例证。

1. 基于象征意义，精选展览主题

展览的立意、时代性、思想性、教育性会随展览主题提炼而提升[7]，故展览需考量所展服饰"象征意义"层面内容是否有联系与共性，是否可以据此提炼出一个提纲挈领、具有思想性与价值性的方向与主题；是否能成为民族故事、民族精神的讲述者。如"爱的密码——民族纹饰展"借助作为情感传递载体的服饰纹饰，反映少数民族人民不同的情感：对父母的亲爱、对男女的情爱、对家国的热爱。由于展览对服饰符号的正确理解与应用，较为抽象的主题得到贴切、完整的表达，展览意义也由对服饰的欣赏上升至对爱的类型与表达方式的探讨。

2. 关联展品信息，巧设展览结构

展览分类框架所形成的语境将影响观众的学习与释读方式[10]。故展览需突破服饰在外观、分布地域、所属支系方面表现出的差异，构建其在象征意义层面的联结并形成不同的信息组群，搭建合理、创新的叙事脉络与展览结构。参观"绚彩中华——中国布依族服饰展"的观众认为展览表现了"幼年、青年、老年不同阶段服饰的变化"，这是因展览按人类学的方式以年龄发展为序划分为"童衣奇服""风华绝代""易逝流年"三个单元。因此，观众在引导下接收到"服饰随年龄流转发生改变，伴着人成长变化"这一信息，认识到服饰的"身份标志"功能。

此外，也可用"模块化"方式建构展览，每一模块都展现出服饰蕴藏的特定"象征意义"，各模块内容又均服务于主题，组成并列式单元结构，实现展览主题、象征意义的传达。如"古典爱情——少数民族传统爱情文化展"分为"诗意""花房""物语""行礼"四单元，通过服饰向观众展示少数民族不同面向的爱情文化与情感价值。

3. 营造展厅氛围，促进情感共鸣

服饰展品蕴藏的情感要素较难感知，但营造浓厚的情感氛围能促进观众体验情感信息。设计师可以理解情境的力量并使用创造性的技能，担任感官阐释者与转化者[11]。展览可控制由展品、场地、光线、色彩、肌理、声音、装置等共同营造的展厅氛围，使观众形成对服饰的感性认知与印象，提前感知即将讲述的故事以及传达的精神与情感。如历尽艰险的苗族人民经历过数次迁徙，部分族群的百褶裙通过纹饰、色彩表现了曲折的迁徙历史，但百褶裙丰富的颜色、美观时尚的造型却难以让观众将其与艰苦

的迁徙之路及对祖先的崇敬、感恩联结，若在展厅中配合展品，使用宁静、朴素的灯光与色彩，播放与苗族迁徙相关的歌谣，可营造展厅氛围，使观众以敬畏、深沉之心理观看展品、理解苗族历史与民族情感。

四、总结

本文以弗迪南·德·索绪尔的"能指""所指"理论、克利福德·格尔茨的"析解"等理论为依据，阐明少数民族服饰文化象征体系的合理性与各层面内容。并结合现有案例、观众调查结果总结展览现存问题：展览传播信息集中于"象征符号"层面，深层次文化信息传播效果欠佳；对各层次信息展示方式单一，难以满足观众体验需求。而后强调象征体系对优化展览的重要性。最后分析象征体系各层面信息展示特点，构建展示各层级文化内容的方法体系。通过优化展览主题、结构、展品组合、辅助展品运用的方式，实现服饰文化的整体性展示与传播。

历史类、考古遗址类展览曾经历从"以器物欣赏为核心"到"以故事解读为核心"的转变，少数民族服饰展览也将面临这一变革，使服饰展品由鉴赏对象转为讲述民族故事、传播文化主题的实证，以服饰为中心构建知识体系、叙事空间、感受体验，提升展览教育意义。他山之石，可以攻玉，以民族文物、文化为研究对象的文化人类学应在民族服饰展览构建中发挥关键作用，其理论、方法可以使展览策划者从不同视角认知、解读文物，助力揭示民族文物背后的深层内涵，实现展览意义建构。

参考文献：

[1] 邓启耀.民族服饰：一种文化符号[M].昆明：云南人民出版社，2011.

[2] 费尔迪南·德·索绪尔.普通语言学教程[M].北京：商务印书馆，1999.

[3] 维克多·特纳.象征之林——恩登布人仪式散论[M].北京：商务印书馆，2006.

[4] 克利福德·格尔茨.文化的解释[M].韩莉，译.南京：译林出版社，1999.

[5] 翟明安.象征人类学理论[M].北京：人民出版社，2014.

[6] 杨鹍国. 符号与象征：中国少数民族服饰文化[M]. 北京：北京出版社，2000.

[7] 陆建松. 博物馆展陈策划：理念与实务[M]. 上海：复旦大学出版社，2016.

[8] 吴光芬，秦萌，米晓雪. 文化的视觉建构——中国当代博物馆研究[M]. 成都：四川大学出版社，2019.

[9] 马林诺夫斯基. 西太平洋上的航海者[M]. 弓秀英，译. 北京：商务印书馆，2021.

[10] 严建强. 缪斯之声：博物馆展览理论探索[M]. 杭州：浙江大学出版社，2020.

[11] 波利·麦肯纳－克雷斯，珍妮特·A. 卡曼. 博物馆策展：在创新体验的规划、开发与设计中的合作[M]. 周婧景，译. 杭州：浙江大学出版社，2021.

历史沿革与时代转向
——从西方博物馆服装展览到时尚策展

佟季阳❶

摘要：本文概述了西方博物馆服饰展览发展历史的三个不同阶段，以策展人与策展模式的发展和转变来探讨自20世纪30年代至今的西方博物馆服装（时尚）展览的历史。在这一过程中，博物馆传统的服装展览逐渐转向博物馆时尚策展，独立时尚策展人的兴起和策展模式的转变使博物馆服装展览从对服装材料的物质性研究、美学研究、历史研究，转向时尚的概念化、艺术化，探讨时尚策展的叙事性、批判性以及其所涉及的关于性别、身体、身份等社会问题。最后，探讨时尚策展对于当下国内的博物馆服装、时尚展览的意义。

关键词：博物馆；时尚策展；时尚策展人

无论是作为民族和历史的承载对象，还是代表纺织行业或工业技术的进步，早在1900年巴黎世界博览会（Universal Expo）举办之初，服装就已经是展览的一部分。在博物馆的早期阶段，服装往往作为阐释历史的"古董"，或者作为罕见的历史材料、技术加以展示。直到20世纪早期，服装才得以作为社会历史的人工制品并以艺术品的形式在博物馆展出。西方学者普遍认为博物馆服装（时尚）展览的历史大致可以分为三个发展时期，第一个时期为1930～1960年，第二个时期为1970～1990年，第三个时期则是2000年至今。

---

❶ 佟季阳，中央美术学院博士研究生，研究方向为展览策划与视觉传播。

一、西方博物馆服装展览的历史发展（1930~1960年）

1929年，美国大都会艺术博物馆（Metropolitan Museum of Art）第一次举办专门针对服装的展览，展示了菲利普·雷曼（Philip Lehman）夫人出借的18世纪法国服装和纺织品；1937年，艾琳·路易森（Irene Lewisohn）创立了私人服装艺术博物馆（Museum of Costume Art）；1945年，时任大都会艺术博物馆馆长威廉·丘奇·奥斯本（William Church Osborn）在会议上宣布服装艺术博物馆成为大都会艺术博物馆的一个分支机构，命名为"大都会艺术博物馆服装学院"；1947年，作为英国曼彻斯特美术馆的附属机构，在普拉特厅（Platt Hall）成立了曼彻斯特服装画廊；美国纽约时装技术学院（Fashion Institute of Technology）的博物馆成立于1969年。这些博物馆服装展览普遍采用两种模式：一种关注历史脉络，另一种描述装饰美学，这是服装进入博物馆的一些传统的策展方法。

这一时期，对于博物馆策展人的理解大多倾向于管理者或者服饰历史研究学者的身份视角。因为，策展人（Curator）在历史上被定义为"保管人"，这个词最初诞生于欧洲的博物馆，是负责对收藏品进行存档、编目、保管与研究，所以也被称为"博物馆馆长"。20世纪中叶后，Curator基本不再被称为馆长，馆长的普遍称谓是Director或President，如果馆长具有专业的学术背景，也可以兼具策展人的专业身份。而动词"策展"（Curate）和形容词（Curatorial）则是将策展视为一种重要且不断发展的实践需要。策展人在不同的文化背景和时代呈现出不同的理解含义和使用方法。

因此，博物馆有明确的等级制度，服装部门的研究员、策展人多为服饰史学者或者修复、保管方面的专家。而文物管理员、藏品管理人员和安装人员则是幕后工作者，负责协助策展人以实现策展效果的最终呈现。博物馆内部的工作安排通常是固定的、线性的、层次分明的结构。这一时期的服装展览主要对纺织品的材料、制造、设计进行展示。值得一提的是，被认为是英国维多利亚与艾尔伯特博物馆（Victoria and Albert Museum，简称V&A）的第一个现代时尚服装展览"英国可以做到"（Britain Can Make It）由英国工业设计委员会组织，于1946年9~12月在V&A博物馆的底层画廊举行，被认为是具有开创性意义的、展示了英国当时的设计和制造水平的重要展览（图1）。尽管展出的时间很短，却吸引了150万游客参观，直至今日它仍然是V&A博物馆有史以来访问量最大的展览之一。不过，在这个展览之后并没有继续开启对时尚服装的展览，也没有为时尚服饰的展览和收藏设立专门的策展部门和策展人。直到1957年，马德琳·金斯伯格（Madeleine Ginsburg）被任命为维多利亚与艾尔伯特博物馆的第一位时尚策展人。

随着充满变革的20世纪60年代的到来，文化激进主义、反主流文化对现存制度的不满与批判，夹杂摇滚乐、青年一代的嬉皮运动与校园运动、女性主义运动、反战运动和民权运动盛行。前卫时尚脱离了传统服装体系提出的对于功能性要求的束缚，转而探索其与人体、身份、自我形象和环境的关系。时尚发展的转变也影响了学术界对于时尚的态度，文化研究、视觉文化和性别研究等学科都对流行文化中的时尚产生了新的兴趣，开始更多地将时尚作为一种文化现象来研究。博物馆时尚正是在这一时期逐渐开始建立，在此之后，重要的策展转向发生在1970年开启的博物馆时尚展览时代。

图1 "英国可以做到"展览现场图片（图片来源：伦敦艺术大学时尚策展中心官网）

二、时尚策展人的兴起与策展模式的转变（1970~1990年）

1971年，"时尚，塞西尔·比顿选集"（Fashion, An Anthology by Cecil Beaton）（图2）在维多利亚和艾尔伯特博物馆举办，展览由英国传奇时尚摄影师塞西尔·比顿（Cecil Beaton）策划。这一重要的时尚展览的诞生源于塞西尔·比顿在1969年写信给时任V&A博物馆馆长的约翰·波普·轩尼诗（John Pope-Hemessy）爵士，建议在V&A博物馆建立一个当代时装的收藏体

图2 "时尚，塞西尔·比顿选集"展览现场图片（图片来源：伦敦艺术大学时尚策展中心官网）

系,并在博物馆内展出"当今最好的女性时装"。为此,贵族出身的塞西尔·比顿花了两年的时间策划展览并收集了自己的朋友、高端客户和一些社交名流、女演员、设计师、时尚人士甚至皇室成员珍贵、奢华的高级时尚服饰。最后,塞西尔·比顿收集了405套服装和40件配饰,虽然展览本身规模较大,但最终并未展出塞西尔·比顿收集的所有服饰物品,展览现场只展出了其中的三分之一。而这些物品也在展览后由所有者捐赠,并被V&A博物馆收藏。在策展模式上,塞西尔·比顿作为一个博物馆的外部策展人,以其摄影师、时装设计师所具备的独特时尚视野,大胆地将类似于同时代的时装精品店的装饰置景直接挪用到博物馆之中,使用抽象、现代的人体模型,引入全新的展示技术,并在展场内播放音乐、喷洒香水来营造沉浸式氛围。塞西尔·比顿强大的时尚号召力和崭新的策展模式,以及在博物馆空间中展示当代高级时尚服饰,这一举动不仅为V&A博物馆的当代时尚收藏作出巨大的贡献,也为其吸引来大量的观众。为此,英国版的 *Vogue* 时尚杂志将此次展览誉为"时尚的里程碑"。展览的成功举办让博物馆界不得不对流行时尚和人们对于在博物馆观看时尚展览的需求作出反应。

1972年,大都会艺术博物馆馆长托马斯·霍文(Thomas Hoving)聘请戴安娜·弗里兰(Diana Vreeland)为服装学院的特别顾问。与塞西尔·比顿一样,时尚编辑出身的戴安娜·弗里兰也同样并不具备博物馆专业策展人或者服饰、时尚史学者的学术身份,他们都属于博物馆的"局外人"(外部策展人)。不过,"虽然塞西尔·比顿在时尚策展史上经常被忽视,但戴安娜·弗里兰的地位与哈罗德·塞曼(Harald Szeemann)相似。"戴安娜·弗里兰在博物馆时尚展览的开拓性策展方式被认为其在时尚策展领域等同于哈罗德·塞曼在当代艺术策展历史上的地位和意义。戴安娜·弗里兰将时尚的编辑语言转换为博物馆策展语言,她认为比起忠实于对历史事实的展示,时装设计师的创造性才能和既定时尚世界的想象力的表达更为重要。作为策展人,戴安娜·弗里兰开始通过展示高端前卫的时尚设计,来代表从时装单一的物质性到时尚梦想的转变,融合戏剧效果、抽象人体模型、音乐、叙事和对于灯光运用的创造性展示,为博物馆注入新的生机。虽然,弗里兰的展览在观者中很受欢迎,开启了博物馆时尚展览的观展热潮。但博物馆馆长、时尚史学者和评论家对她持怀疑甚至批评的态度。因为,博物馆和时尚策展人一致认为,一个好的当代时尚展览应该在形式上兼具娱乐性和吸引力,在内容上符合历史,并兼具对时尚现象的洞察力,而不再像过去的博物馆那样单一地展出服装物品本身。

戴安娜·弗里兰在大都会艺术博物馆的首展"巴黎世家的世界"（The World of Balenciaga）于1973年3月23日至6月30日展出，对西班牙设计师克里斯托瓦尔·巴伦西亚加（Cristóbal Balenciaga）❶的生活和作品的回顾展（图3）。弗里兰在展览中运用音乐背景和戏剧灯光来引导游客在展厅中游走，营造出理想

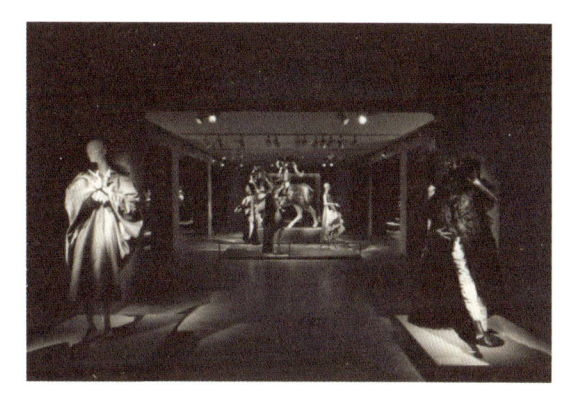

图3 "巴黎世家的世界"展览现场图片（图片来源：伦敦艺术大学时尚策展中心官网）

化的沉浸式氛围。弗里兰在"巴黎世家的世界"展览中运用了现代的、抽象的人体模型，这些人体模型以一种戏剧性的姿势被固定住，并摆放出生动的手势。一匹身着盔甲的白马（道具）被安置在展厅的中心位置，展厅的墙壁涂上与西班牙国家和巴黎世家品牌相关的丰富的、高光泽的色彩，并用彩色滤光片定向射灯在不同的展场空间中营造出炽热的粉红色、茶绿色和血红色等强烈的色彩装饰氛围。并在展厅中播放弗拉门戈音乐，喷洒巴黎世家的香水。弗里兰认为时尚是多感官的，所以她的展览呈现出的是包括视觉、听觉和嗅觉的全方位的基于感官的刺激。"巴黎世家的世界"展览为之后的服装学院展览建立了一个另类的、全新的模板。

虽然"巴黎世家的世界"展览一经展出便取得了一定的成果，但也有一些异样的声音：对博物馆展览展出个人设计师作品的质疑以及围绕戴安娜·弗里兰产生的争议，认为她在展览空间中放置白马道具的极具戏剧性的置景方式毫无意义，甚至莫名其妙。不过，也正是由于弗里兰在时尚领域的影响力和长期的积累使她形成了以时尚、流行文化对博物馆展览策划的突破性策展方式，成功地消解了之前传统的博物馆服装展览不受观众喜欢的"文物般的光环"。我们现在能够看到的一些时尚展览（尤其是时尚品牌展）的原型，都是弗里兰的手笔。

---

❶ 克里斯托瓦尔·巴伦西亚加（Cristóbal Balenciaga），西班牙著名的服装设计师。

三、时尚策展的多元面向（2000年至今）

2000年以后，具有特定时尚收藏及研究、展示时尚的博物馆开始大量涌现。例如，比利时的安特卫普时尚博物馆（MoMu）、英国伦敦的时尚和纺织品博物馆（Fashion and Textile Museum, FTM）、智利圣地亚哥的时尚博物馆（Museo de la Moda）、葡萄牙里斯本设计与时尚博物馆（Museu do Design, MUDE）等。在世界各地大量新增的时尚博物馆与多样化的时尚展览吸引了更多投资人和游客的流行现象值得被关注和研究。与此同时，也有一些时尚巨头自建的博物馆趋势在全球范围内蔓延，例如，意大利品牌华伦天奴在2011年建立了华伦天奴博物馆（Valentino Museum）；丹麦时尚公司Wood Wood于2012年在哥本哈根建立了Wood Wood博物馆商店。不过，这种新型的极具商业性质的时尚博物馆受到了批评家和时尚学者的反对，因为博物馆空间向来被视为非商业、非营利性空间。时尚进入博物馆展示，使博物馆成为时尚体系的一部分，时尚与博物馆互相建构，但博物馆并非新的零售空间。

除了大量的时尚品牌开始建立自己的博物馆，专注于自身品牌的文化价值与文化传播，伴随时尚策展模式逐渐走向多元的也有一些实验性的策展方式，例如，朱迪斯·克拉克（Judith Clark）创立的朱迪斯·克拉克时尚画廊定期展示一些具有创新性、实验性的展览，并以研讨会的形式探讨时尚策展的方式与时尚话题。2004年，朱迪斯·克拉克受到时尚理论家卡罗琳·埃文斯（Caroline Evans）的《边缘时尚》（*Fashion at the Edge*）一书的启发，在MoMu博物馆策划了展览"邪恶的缪斯，当时尚回归"（Malign Muses, When Fashion Turns Back），如图4所示。之后在V&A博物馆再一次展出，改为"幽灵：当时尚回归"（Spectres: When Fashion Turns Back）。克拉克打破线性时间叙事的策展方式，将当代时尚与历

图4 "邪恶的缪斯，当时尚回归"展览现场图片（图片来源：伦敦艺术大学时尚策展中心官网）

史服装并置，向观众展示设计师们在历史上是如何相互影响的。克拉克具有的建筑学学科背景，因此对展览空间有着不同于其他策展人的思考和展示策略，并且在这个展览中她以跨学科合作的策展模式邀请了时尚插画家鲁本·托莱多（Ruben Tdedo）共同完成展览主题设计的艺术装置，以一种创新性、颠覆性的方式呈现在观众面前。虽然朱迪斯被认为是同弗里兰一样打破常规的策展人，但并非弗里兰的沉浸式感官营造，克拉克强调观众在展览空间中游走模式的建构与其在展览中的思考方式、与展览的互动行为。以时尚固有的历史性发起对博物馆的批判，不是对时尚与历史之间关系的一种全新呈现方式，而是对展示结构和围绕展览的观看机制发起的探索。克拉克的这种策展人即"作者"的强策展模式，被批评家瓦莱丽·斯蒂尔（Valerie Steele）描述为时尚策展的"范式的转变"。

除了商业化、空间化的时尚策展，实验性的、跨学科合作的策展模式，2000年至今最为引人注目的是随着全球化的发展与时尚在世界范围内的不断扩张而形成了的大型的、世界巡回的超级展览。2011年，安德鲁·博尔顿（Andrew Bolton）在大都会艺术博物馆策划的"亚历山大·麦昆：野蛮之美"（Alexander McQueen: Savage Beauty）展览吸引了超过660000名游客，使其成为大都会艺术博物馆有史以来十大展览之一。安德鲁·博尔顿在策展中将重点放在亚历山大·麦昆最具代表性的，如羽毛、贝壳等材料的作品上，体现麦昆对于生命、美丽、性别等概念的思考。这些作品往往被私人和博物馆收藏，而不是作为服装商品在市场中销售。安德鲁·博尔顿利用视频装置、全息投影和配乐的方式，将作品的简单呈现转化为沉浸式的、科技型的轰动性展览。瓦莱丽·斯蒂尔认为，"野蛮之美"是一个改变"游戏规则"的现象级个案，它推动了全球时尚展览的知名度、博物馆中时尚的"艺术化"以及新一代时尚策展人的崛起。

四、时尚策展当下在国内的意义

在全球化的时尚文化背景下，博物馆时尚展览呈现出越发多元化的展览主题和策展方法。博物馆时尚展览越来越受欢迎的现象，可以归结为博物馆是一个将时尚现象及其文化内涵充分展现和探讨的理想环境。它不是百货公司的橱窗、陵墓般的博物馆玻璃柜，也不是秀场T台或者一本插图书，更不仅仅是一个展示空间，它是一种媒介，一种批评话语。时尚不仅关乎消费，还关乎对文化提出的批判性问题。而时尚策展除了为品牌提升商业价值以及教育和娱乐价值之外，也可以作为一种媒介批判和反思时尚在文化、社会与伦理等方面造成的影响力。尤其在2000年以后，随着时尚的发展，包括学界对于博物馆时尚展览研究的关注，时装策展在很大程度上已然成为建构21世纪时尚史与博物馆时尚发展的重要理论与实践活动。

　　那么，对于我们当下国内的时尚策展的理论研究与策展实践，目前还需要进一步地拓展其话语影响力，以及更为多元化的策展模式。那么这就需要博物馆的时尚展览在策展方法与教育意义双重并行的语义下，进一步吸引观众的目光，无论是娱乐方式还是教育意义，对于今天的博物馆来说都不再是一个二元对立的状态。让观众更多地参与到博物馆的服饰、时尚展览之中，在策展中形成与观众的互动，不仅是博物馆的公共教育开展的内容，以策展的方式让观者在观看中思考，观展本身也是知识生成的过程。这样，不仅可以进一步传播服饰之美和时尚之美，如何认识"美"、树立"美"、传播"美"的理念，更是当下我们的博物馆服饰、时尚展览所需要以更为多元的时尚策展的模式去实践、研究，并最终以展览的形式"以美育人"、提升大众审美素养，面向更美好的生活，开拓更具学术价值且益于大众审美培养的服饰、时尚文化的策展方式与传播机制。

参考文献：

[1] Nietzsche. On the Genealogy of Morality[M]. New York: Dover Publications, 2003.

[2] Bruce W. Ferguson, Reesa Greenberg, Sandy Nairne.Thinking About Exhibitions[M]. New York: Routledge, 1996.

[3] Malene Vest Hansen, Anne Folke Henningsen, Anne Gregersen.Curatorial Challenges-Interdisciplinary Perspectives on Contemporary Curating[M]. New York: Routledge, 2020.

[4] Paul O'Neill. The Culture of Curating and the Curating of Culture(s)[M]. Cambridge: MIT Press Ltd, 2016.

[5] Adrian George. The Curator's Handbook[M]. London: Thames&Hudson Ltd, 2015.

[6] Hans Ulrich Obrist. A Brief History of Curating[M]. Zurioh: Jrp Ringier, 2010.

[7] Annamari Vanska, Hazel Clark. Fashion Curating: Critical Practice In the Museum and Beyond[M]. London: Bloomsbury Visual Arts, 2017.

[8] Amy de la Haye, Judith Clark. Exhibiting Fashion: Before and After 1971[M]. New Haven: Yale University Press, 2014.

[9] Ingrid Mida. The Enchanting Spectacle of Fashion in the Museum[J]. Catwalk: The Journal of Fashion, Beauty and Style, 2015.

[10] Nadia Buick. Framing Fashion Curation: a Theoretical, Historical and Practical Perspective[D]. Brisbane: Queensland University of Technology, 2012.

[11] 伊丽莎白·威尔逊.梦想的装扮：时尚与现代性[M].孟雅,刘锐,唐浩然,译.重庆：重庆大学出版社,2020.

[12] 安格内·罗卡莫拉,安妮克·斯莫里克.时尚的启迪：关键理论家导读[M].陈涛,李逸,译.重庆：重庆大学出版社,2020.

[13] 卡洛琳·埃文斯.前沿时尚：时尚中的景观、死亡与现代性[M].孙诗淇,译.重庆：重庆大学出版社,2021.

[14] 戴安娜·克兰.时尚及其社会议题：服装中的阶级、性别与认同[M].熊亦冉,译.南京：译林出版社,2022.

如何合办民族服饰展，让民族遗产"活"起来

——以中国丝绸博物馆"桂风壮韵——壮族服饰文化展"为例

金 琳❶

> **摘要**：少数民族服饰及其工艺是纺织非物质文化遗产代表之一，举办民族服饰原生态展，是传承和让民族遗产"活"起来的最佳方式之一。近十年来，通过"走出去"和"引进来"途径举办的系列和主题民族服饰展备受社会各界关注。中国丝绸博物馆与广西民族博物馆联合策展举办"桂风壮韵——壮族服饰文化展"，整合两馆研究资源，立足于壮族服饰文化和壮锦织造等研究成果，创新"壮乡之夜"、文创衍生品等交互体验项目，探索构建"展览＋研究＋社教之夜"民族服饰系列展览品牌模式，以此弘扬和传播民族服饰文化。
>
> **关键词**：民族服饰展；壮族；非遗；品牌；研究；壮乡之夜

我国是一个统一的多民族国家，55个少数民族服饰遗产极为绚丽多彩，这些民族服饰遗产内容涵盖方方面面，包括繁复多样的款式、色彩、材质、纹样、穿戴造型和手工装饰工艺，蕴含着各民族特有的精神价值、文化意识和艺术想象力[1]，反映了文化的多元性，是我国重要的染织绣非物质文化遗产，其中苗族服饰、回族服饰、瑶

---

❶ 金琳，女，生于1969年6月，中国丝绸博物馆研究馆员，硕士，主要研究方向为丝绸历史文化，博物馆展览。

族服饰、苗绣、水族马尾绣、土家族织锦技艺、黎族传统纺染织绣技艺、壮族织锦技艺、藏族邦典、卡垫织造技艺、加牙藏族织毯技艺、维吾尔族花毡、印花布织染技艺、苗族蜡染技艺、白族扎染技艺等项目于2006年被列入"第一批国家级非物质文化遗产名录"。2008年，蒙古族服饰、朝鲜族服饰、畲族服饰、黎族服饰、珞巴族服饰、藏族服饰、裕固族服饰、土族服饰、撒拉族服饰、维吾尔族服饰、哈萨克族服饰等少数民族服饰被列入"第二批国家级非物质文化遗产名录"。2011年，瑶族刺绣、藏族编织、挑花刺绣工艺、侗族刺绣和锡伯族刺绣入选"第三批国家级非物质文化遗产名录"[2]。2014年，达斡尔族服饰、鄂温克族服饰、彝族服饰、布依族服饰、侗族服饰和柯尔克孜族服饰被列入"第四批国家级非物质文化遗产代表性名录"。❶2021年，彝族刺绣、布依族刺绣、藏族刺绣、畲族彩带编织技艺、佤族织锦技艺、赣南客家服饰、花腰傣服饰等被列入"第五批国家级非物质文化遗产代表性名录"❷。据此统计，目前已有苗族、蒙古族等22个少数民族服饰被列入国家级非遗项目，2009年"黎族传统纺染织绣技艺"被列入联合国教科文组织首批"急需保护的非物质文化遗产"。民族服饰及其工艺正日益引起国内外人类民族学、民俗学、设计学、服装学等专业领域有关人士的广泛关注和重视。而发挥各馆专业优势，资源共享、合作举办民族服饰原生态展，则是这些民族文化瑰宝得以走出大山，形象生动、系统完整地传承和让民族遗产"活"起来，保护和抢救濒临衰微民族文化遗产的最佳途径之一。

一、近十年民族服饰展概况

目前在上海博物馆的中国少数民族工艺馆、贵州省博物馆、海南省博物馆、广西民族博物馆、贵州省民族博物馆、云南民族博物馆、呼伦贝尔民族博物院、云南红河州博物馆、恩施土家族苗族自治州博物馆、北京服装学院的民族服饰博物馆、华南农业大学的广东民族服装服饰艺术博物馆、中南民族大学民族学博物馆、北方民族大学美术馆等设立有我国少数民族服饰、染织绣件的常设展览。此外，近十年来中国民族博物馆、西南地区博物馆联盟、民族文化宫博物馆、呼伦贝尔民族博物院、海南省博物馆等充分发挥自身民族服饰和工艺品藏品优势，联合上海纺织博物馆、中国妇女儿

---

❶ 资料来源：国务院关于公布第四批国家级非物质文化遗产代表性项目名录的通知。

❷ 资料来源：中国非物质文化遗产网。

童博物馆、中国丝绸博物馆、苏州丝绸博物馆等多家博物馆，合作举办民族服饰国内巡展（表1），讲述精彩多元的民族故事，取得了良好的社会效益。

表1　近十年（2012~2022年）举办的主要民族服饰临时展览[1]

序号	展览时间	展览名称、主办单位	举办地点、备注
1	2012年6月8日至8月18日	"绚彩中华——中国彝族服饰文化展" 广西民族博物馆、贵州省民族博物馆（贵州民族文化宫）、重庆中国三峡博物馆、云南民族博物馆、凉山彝族自治州博物馆	重庆中国三峡博物馆（拉开了西南地区博物馆联盟"绚彩中华"系列展示西南各民族服饰文化的序幕）
2	2013年4月12日开幕	"绚彩中华——中国苗族服饰展" 贵州省民族博物馆、广西民族博物馆、云南民族博物馆、黔南州民族博物馆、雷山县苗族银饰刺绣博物馆	广西民族博物馆
3	2013年3月11日至5月10日	"绚彩中华——中国苗族服饰展" 贵州省民族博物馆、上海纺织博物馆	上海纺织博物馆（拉开了该馆系列展示中国各民族服饰文化的序幕）
4	2013年10月8日至11月26日	"绚彩中华——中国彝族服饰文化展" 广西民族博物馆、贵州民族博物馆、云南民族博物馆、重庆中国三峡博物馆	上海纺织博物馆
5	2013年11月26日至12月8日	"多彩中华——苗族服饰文化展" 广西民族博物馆、北京民族文化宫、云南民族博物馆、贵州省民族博物馆	北京民族文化宫
6	2013年11月26日至12月8日	"多彩中华——瑶族服饰文化展" 广西民族博物馆、北京民族文化宫、云南民族博物馆、贵州省民族博物馆	北京民族文化宫
7	2013年12月19日至2014年2月20日	"绚彩中华——中国瑶族服饰文化展" 广西民族博物馆、云南民族博物馆、贵州省民族博物馆、上海纺织博物馆	上海纺织博物馆
8	2014年3月22日至5月22日	"绚彩中华——中国瑶族服饰展" 广西民族博物馆、云南民族博物馆、贵州省民族博物馆、金秀瑶族自治县瑶族博物馆、山东博物馆	山东博物馆
9	2014年3月22日至5月12日	"绚彩中华——中国畲族服饰文化展" 上海纺织博物馆、景宁畲族博物馆、景宁畲族自治县晓琴畲族民间陈列馆	上海纺织博物馆

[1] 资料来源：各大博物馆公开发布的新闻和报道。

续表

序号	展览时间	展览名称、主办单位	举办地点、备注
10	2014年3月25日至5月24日	"锦绣天成——黎族树皮服饰与赫哲族鱼皮服饰展" 黑龙江省民族博物馆、贵州省民族博物馆	贵州省民族博物馆
11	2014年5月18日至7月17日	"绚彩中华——中国侗族服饰展" 广西民族博物馆、云南民族博物馆、贵州省民族博物馆、上海纺织博物馆	上海纺织博物馆
12	2014年7月22日至9月22日	"绚彩中华——中国哈尼族服饰文化展" 云南红河州博物馆、上海纺织博物馆	上海纺织博物馆
13	2014年9月26日	"绚彩中华——中国白族服饰文化展" 大理白族自治州博物馆、上海纺织博物馆	上海纺织博物馆
14	2014年11月20日至2015年1月10日	"锦绣天成——黎族树皮服饰展" 海南省民族博物馆、云南民族博物馆	云南民族博物馆
15	2014年11月28日开幕	"五彩呼伦贝尔——鄂伦春、鄂温克、达斡尔民族民俗展" 广西民族博物馆、呼伦贝尔民族博物院	广西民族博物馆
16	2014年12月3日至2015年2月3日	"绚彩中华——中国穆斯林民族服饰文化展" 民族文化宫博物馆、上海纺织博物馆	上海纺织博物馆
17	2015年2月8日至3月21日	"绚彩中华——中国蒙古族服饰展" 内蒙古科尔沁博物馆、上海纺织博物馆	上海纺织博物馆
18	2015年6月5日至8月3日	"凤凰霓裳——畲族织绣服饰展" 景宁畲族博物馆、景宁畲族自治县畲乡民俗博物馆、中国丝绸博物馆	中国丝绸博物馆
19	2015年9月29日至11月28日	"绚彩中华——布依族服饰文化展" 贵州省民族博物馆、上海纺织博物馆	上海纺织博物馆
20	2015年12月6日至2016年1月23日	"绚彩中华——中国少数民族配饰文化展" 民族文化宫博物馆、上海纺织博物馆	上海纺织博物馆

续表

序号	展览时间	展览名称、主办单位	举办地点、备注
21	2016年11月26日至2017年1月20日	"绚彩中华——中国黎族服饰展" 　　上海纺织博物馆、中国民族博物馆、海南省民族博物馆	上海纺织博物馆
22	2016年3月10日至5月10日	"草原盛装——中国蒙古族服饰展" 　　通辽市博物馆、广西民族博物馆	广西民族博物馆
23	2016年11月28日至12月12日	"传统@现代——民族服饰之旧裳新尚" 　　宁夏银川北方民族大学美术馆、中国民族博物馆	北方民族大学美术馆（"传统@现代"系列首展）
24	2017年3月23日至5月21日	"外婆送我花背带——广西少数民族妇女儿童服饰展" 　　杭州工艺美术博物馆、广西民族博物馆	杭州工艺美术博物馆
25	2017年7月15日至9月9日	"华服典章 神佛衣境——中国少数民族宗教服饰文化展" 　　民族文化宫博物馆、上海纺织博物馆	上海纺织博物馆
26	2017年11月11日至2018年2月11日	"丽水流彩——纳西族服饰文化展" 　　丽江市博物院、上海纺织博物馆	上海纺织博物馆
27	2018年2月7日至3月4日	"传统@现代——民族服饰之旧裳新尚" 　　中国民族博物馆、中华世纪坛	中华世纪坛
28	2018年3月8日至4月15日	"苗疆华彩——中国苗族织绣服饰文化展" 　　中国民族博物馆、中国妇女儿童博物馆	中国妇女儿童博物馆
29	2018年3月8日至5月6日	"韵致菁华——中国女性民族服饰展" 　　苏州丝绸博物馆、中国妇女儿童博物馆	苏州丝绸博物馆
30	2018年3月11日至5月10日	"华服典章——中国傈僳族服饰文化展" 　　怒江州文物管理所、上海纺织博物馆、云南迪庆藏族自治州博物馆、云南楚雄州博物馆、云南维西县文化遗产保护所、云南保山市博物馆、云南德宏州文管所	上海纺织博物馆
31	2018年3月16日至5月20日	"霓裳银装——贵州苗族服饰艺术展" 　　贵州省博物馆、中国丝绸博物馆	中国丝绸博物馆

续表

序号	展览时间	展览名称、主办单位	举办地点、备注
32	2018年4月25日至4月30日	"技艺·记忆——中国南方少数民族服饰展" 上海纺织服饰博物馆	上海纺织服饰博物馆
33	2018年5月25日至7月16日	"银妆霓裳——黔东南少数民族服饰精品展" 黔东南州民族博物馆、山西大同市博物馆	山西大同市博物馆
34	2018年8月8日至11月8日	"传统@现代——民族服饰之旧裳新尚" 南宁市博物馆、中国民族博物馆	南宁市博物馆
35	2018年9月至11月	"莎罗花语云嫁衣——云南省博物馆少数民族婚礼服饰展" 天津博物馆、云南省博物馆	天津博物馆
36	2018年9月21日至12月9日	"银装霓裳——贵州·黔东南州少数民族服饰精品展" 黔东南州民族博物馆、苏州丝绸博物馆	苏州丝绸博物馆
37	2019年3月30日至6月16日	"传统@现代——民族服饰之旧裳新尚"杭州站·美美与共 中国民族博物馆、杭州工艺美术博物馆	杭州工艺美术博物馆
38	2019年6月20日至8月20日	"云南·文山州民族服饰展" 云南省文山州博物馆、贵州省民族博物馆	贵州省民族博物馆
39	2019年8月7日至8月22日	"爱的密码——民族纹饰展" 中国民族博物馆、中华世纪坛艺术馆	中华世纪坛艺术馆
40	2019年8月30日至10月18日	"礼衣雅蕴——朝鲜族传统服饰展" 上海纺织博物馆、延边博物馆	上海纺织博物馆
41	2020年4月16日至6月15日	"织锦中的桃花源——云南少数民族织锦" 云南省博物馆、苏州丝绸博物馆	苏州丝绸博物馆
42	2020年6月13日至7月19日	"爱的密码——民族纹饰展" 中国民族博物馆、中国妇女儿童博物馆	中国妇女儿童博物馆

续表

序号	展览时间	展览名称、主办单位	举办地点、备注
43	2020年10月23日至12月13日	"莎罗花语云嫁衣——云南省博物馆少数民族婚礼服饰展" 云南省博物馆、中国妇女儿童博物馆	中国妇女儿童博物馆
44	2020年7月1日至2021年2月28日	"摩梭MOSO——家庭·婚姻·对话" 云南省博物馆、丽江泸沽湖摩梭民俗博物馆	云南省博物馆
45	2020年9月8日至10月7日	"衣被海南——海南黎族纺织文化展" 海南省博物馆、北京民族文化宫展览馆	民族文化宫展览馆
46	2021年4月2日至6月6日	"云上之和——云南哈尼族服饰展" 云南省博物馆、中国丝绸博物馆、红河州博物馆	中国丝绸博物馆
47	2021年4月30日至8月1日	"摩梭MOSO——家庭·婚姻·对话" 云南省博物馆、重庆中国三峡博物馆	重庆中国三峡博物馆
48	2021年9月16日至10月15日	"摩梭MOSO——家庭·婚姻·对话" 云南省博物馆、中国妇女儿童博物馆	中国妇女儿童博物馆
49	2021年11月13日至12月13日	"百卉千华 锦上添花——海南龙被艺术大展" 海南省博物馆、南海博物馆、三亚市博物馆、海南省非遗中心等11家单位	海南省博物馆
50	2022年1月1日至5月20日	"传统@现代——民族服饰之旧裳新尚" 中国民族博物馆、南通博物苑	南通纺织博物馆
51	2022年1月12日至3月27日	"'衣'彩纷呈——长江流域民族服饰展" 长江文明馆(武汉自然博物馆)、中南民族大学民族学博物馆	长江文明馆
52	2022年6月8日至8月7日	"花铺盖——中国土家族织锦西兰卡普展" 恩施土家族苗族自治州博物馆、厦门市博物馆	厦门市博物馆
53	2022年9月28日至12月25日	"衣被海南——海南黎族纺织文化展" 海南省博物馆、上海市历史博物馆	上海市历史博物馆

根据近十年来国内举办的民族服饰展反映的展示内容，主要可分为系列展和主题展两大类型。系列展是指相继举办某一民族服饰及其工艺，呈现蕴藏其中的民族艺术特色和精神文化的展览。2012年由贵州省民族博物馆、广西民族博物馆、云南民族博物馆等组成的"西南地区博物馆联盟"通过"走出去"的方式，率先打造"绚彩中华"西南少数民族服饰系列巡回展，于2012～2014年先后联合重庆、南宁、北京、济南、上海等城市的各大博物馆，举办彝族、苗族、瑶族、侗族等西南地区少数民族服饰系列展览，是我国省级民族博物馆资源共享、优势互补的发展理念和馆际合作交流的成功实践。

2009年建成的上海纺织博物馆是一家地域性、行业性专题博物馆，自2013年6月起，先后与贵州省民族博物馆、民族文化宫博物馆等多家民族博物馆合作，成功引进、举办"绚彩中华"中国少数民族服饰系列展，相继展出了苗族、彝族、瑶族、畲族、侗族、哈尼族、蒙古族、白族、朝鲜族、纳西族、傈僳族等近40个少数民族服饰展览，包括西南、北方、华东地区少数民族的服饰。2016年该馆被国家民族事务委员会授予"全国民族团结进步教育基地"称号。

主题展览是指围绕主题，组合某一个或多个民族服饰物件，以物寄情的展览，也是目前民族服饰展览的主要类型。依据民族服饰文化特性，通过女性、人类学、区域、服饰种类和工艺等专题，多视角彰显原生态民族文化精髓，其中女性主题如2019年中国民族博物馆原创的"爱的密码——民族纹饰展"，通过100多件民族服饰和纹饰，呈现中国各民族人民从出生到成人到成家的"爱的故事"；中国妇女儿童博物馆策划"韵致菁华——中国女性民族服饰展"，讲述南北方各女性民族服饰；2016年中国民族博物馆推出品牌展览"传统@现代——民族服饰之旧裳新尚"，突破以往传统服饰展览框架，借助30余个民族的服饰、饰品、工具，开创性地以人类学、当代艺术学的视角探讨"传统"与"现代"的关系，目前该展已在银川、北京、南宁、杭州、南通巡回展出；2020年云南省博物馆原创的"摩梭MOSO——家庭·婚姻·对话"，基于历时四年人类学田野调查成果，从"我"出发，以摩梭人的视角，展示摩梭人的历史、生活方式、家庭婚姻。展览还引入当代艺术作品，展开摩梭人与观众的对话与探讨，是一次成功的民族服饰实验性展览。区域类如2022年中南民族大学民族学博物馆策划展现长江流域代表性民族全貌的"'衣'彩纷呈——长江流域民族服饰展"，服饰种类如广西民族博物馆策划的"外婆送我花背带——广西少数民族妇女儿童服饰展";工艺类如2020年民族文化宫展览馆、海南省博物馆推出的"衣被海南——海南黎族纺织文化展"。这些多姿多彩的民族服饰展对守护和宣传少数民族纺织文化遗产具有重要的现实作用,但在提升民族纺染织工艺的科学研究和创新展览传播活动还需作进一步的探讨和实践。

二、"桂风壮韵"的尝试与运作

中国丝绸博物馆(以下简称"国丝")是国家一级博物馆,也是国内最大的纺织服装类博物馆和纺织品文物保护国家文物局重点科研基地。2016年国丝的时装馆新馆正式开放,通过从国内外博物馆引进、联办或创意策划等途径,围绕丝路之绸、科技保护、传统工艺、当代时尚等主题,在时装馆临展厅推出高质量、有影响的精品大展,旨在继承传统、立足当下、面向未来、构建一个全新的古今中外纺织文化临时展览,民族服饰系列展就是其中一项重要的临时展览品牌,力图借助由国丝牵头成立的"中国蚕桑丝织技艺保护联盟",依托传统织造研究优势和开设女红传习馆、"国丝之夜"等实践活动,通过借展合办的方式,引入、展现国内外各民族服饰,呈现多元化的纺织民族服饰及其工艺在全世界的缤纷华彩。

广西民族博物馆是以广西民族文化为专题的国家一级博物馆,收藏、研究和展示壮族、瑶族等广西12个世居民族的传统文化,同时兼顾对广西周边省份的各民族以及东南亚国家各民族的文化研究、文物资料收藏和宣传展示,基本陈列包括"五彩八桂——广西民族文化陈列""霓裳羽衣""壮族文化展"等,其中"BEIXNUENGX(贝侬)——壮族文化展"曾获第十二届(2014年度)全国博物馆十大陈列展览精品奖。

壮族是我国人口最多的少数民族,在漫长的历史长河中创造了干栏建筑文化、糯食文化、织锦文化、服饰文化、铜鼓文化、山歌文化等辉煌的文明成就,而其中的织绣文化是壮族历史文化的集中体现,蕴含着壮家儿女的辛勤劳动和他们的聪明才智,传达出他们对美好幸福生活的向往与追求。2017年3月17日至6月11日,国丝与广西民族博物馆共同策划举办"桂风壮韵——广西壮族织绣文化"展,为了尽可能原汁原味地全面展现和传承壮族织绣非遗技艺,经过一年多的精心策划和织绣调研,才将这场壮乡服饰文化展引入杭州与观众见面。

本次展览是2016年国丝时装馆建成后推出的首个少数民族服饰展,汇聚广西民族博物馆馆藏的壮族织、染、绣精品100余件(组),展览分"各式壮服""炫丽壮锦""蓝白扎染""刺绣传情"四个部分，形式设计以壮乡山寨随处可见的竹子、绣球为道具元素，以壮锦民族图案为设计元素，每个部分依次分述纺织技艺流程、纹样特征，配以广西纺织染绣调研成果图版和视频资料，重点呈现壮族精湛的壮锦、扎染、绣球手工技艺和传统服饰（图1）。

图1 展览前言

（一）"展览+研究"确立

展览以科学研究为基础，发挥两家博物馆在壮族纺织技艺和服饰文化研究领域的优势，展现壮族服饰、壮锦、印染和刺绣技艺。展览分为四个部分，其中第一部分为"各式壮服"。不同历史时期或不同的壮族支系，其服饰不尽相同。宋代以后，壮族服饰屡见记载，如"椎髻跣足，或着木屐，衣青花斑布""花衣短裙……衣皆尚青，蜡点花斑，式颇华"男子"着短衫"，女子"下围花幔"等。总之，各地壮族服饰，或厚重，或简朴，或头饰相异，或服装款式不同，或花纹繁简不一，呈现出多姿多彩的特点（图2）。

壮族服饰的衣料以黑、蓝、白等素色棉布或黑色亮布为主，为此我们首先展示脱棉籽机、手工纺纱车、方格土布，用ipad循环播放壮族妇女织布图片，讲述壮族传统

图2　展览第一部分"各式壮服"

织布工艺流程。接着采用吊挂于竹竿的套装展示形式，展示包头巾、大襟上衣、披肩、胸兜、长裤、百褶裙、飘带、鞋、绑腿，结合当地壮族穿戴服饰图版，呈现三组不同地区的壮服：广西西部大新县壮族男服、女服和因着装全黑而得名的那坡县黑衣壮族女服；广西西北部隆林各族自治县壮族"三层楼"女服、隆林各族自治县壮族男服、天峨县壮族女服、南丹县壮族女服、田林县壮族女服、龙胜各族自治县白布上衣式壮族女服；云南侬支系、沙支系壮族女服。其中以广西西北部壮服为重点，尤其突出展示了隆林"三层楼"壮族女服。隆林各族自治县一带壮族女服的造型十分奇特，当地妇女喜欢同时穿着短衣、长裤和短裙。我们将这种衣、裤、裙的三件叠穿方法，形象地称为"三层楼"，这种集衣、裤、裙于一体的服饰造型给杭州观众留下了深刻印象。

壮族的包缠也颇具民族特色，使服饰整体造型更为突显。此部分选取黑布刺绣女头帕、白布挑花头巾等采用不同工艺制作的包缠，通过包在头模的立体陈列法和平挂法两种展示方法，并辅以头巾各种结扎法示意版面，具体展现头巾的围系方法和头巾平面织绣全幅面貌。

第二部分为"炫丽壮锦"。壮锦被誉为中国四大名锦之一，是壮族最具民族特色的文化符号。明万历时期，广西壮锦成为朝廷贡锦。清乾隆年间《柳州府志》载："壮锦，各州县出。壮人爱彩，凡衣裙巾披之属，莫不取五色绒线杂以织，如花鸟状，远观颇工巧炫丽，近视则觉粗粝，壮人贵之"[3]。壮锦主要产地为广西龙州、靖西、忻城、宾阳等县，2006年由广西靖西申报的壮锦被列入国家首批非物质文化遗产保护项目。

此部分我们通过展现宾阳竹笼机、壮族井字纹织锦背带芯、万寿纹大花被面、壮族黑地菱形纹绒线织锦背带、龙凤动物纹壮族织锦、四凤纹壮族织锦被面等近现代壮锦被面、背带等色彩斑斓的壮锦工艺品，并在一面展墙上投放在展壮锦文物的局部放大纹样，充分体现精巧的壮锦织造技艺和以几何折线、福寿花鸟、龙凤为主题的壮锦装饰艺术（图3）。

为了更科学、更全面地介绍壮锦织造技艺，解读壮锦提花织造设计原理，在国丝多年来对传统织造技术史研究的基础上，我们前往靖西对广西靖西壮锦织机进行实地考察调研，首次全面系统地厘清了壮锦提花的不同工艺，弥补以往研究对壮锦织机论述中的缺失及不足，提升了展览内容的学术性和独特性。壮锦手工织机除了最为熟知的宾阳竹笼机外，还有龙州壮锦织机和靖西壮锦织机。在卧机上加装有线制花本和压经辊的龙州壮锦织机，操作比竹笼机更为省力，卷轴固定在机架上的靖西壮锦织机，采用双综双踏板多综式提花，并结合手工挑花，是效率最高的壮锦织机。我们对以上三种不同织造技艺分别制作提花原理示意图等图文版面，并在宾阳竹笼机展示台上播

图3　展览第二部分"炫丽壮锦"

放宾阳竹笼机和靖西壮锦织机操作视频，动静结合展现壮锦不同的手工提花技艺，获得了观众和专家的好评。

第三部分为"蓝白扎染"。早在新石器时代，广西早期先民就有使用染料文身的习俗。唐宋时期，广西生产的"青斑布""瑶斑布""点蜡幔"等印染布料闻名全国，唐宋之后，中原的先进染色工艺相继传入广西，但壮族的浆染、靛染、扎染等工艺仍流传至今。我们通过木夹、棉线团等扎染工具、扎染前布料、扎染半成品和壮族单凤荷花钱币图扎染、壮族扎染喜鹊献财被面、乐业壮族扎染床单等，反映扎染制作工艺和壮族扎染淳朴粗犷的蓝白之美。

第四部分为"刺绣传情"。壮族刺绣主要用于装饰衣着，用五彩丝线或绒线在衣裤、肚兜、围裙、头巾的边缘或鞋面上刺绣，还将装饰用于背带、门帘、被单等，其中传递男女之情的绣球，是最具壮族特色的刺绣工艺品。展览以绣架、五彩绣线、绣球花瓣半成品、靖西壮族绣球、蓝衣壮黑地刺绣方形拼布被面、壮族凤蝶麒麟纹贴布绣背带、壮族黑地绣花背带、壮族绣花男童帽、壮族绿布绣花女鞋为主要展品，并投影播放策展团队的靖西绣球制作工艺调研视频，生动展现绣球、背带、拼布、鞋帽等具有浓郁壮族民族风情的刺绣文化。

（二）"展览+社教之夜"创新

2017年3月17日下午，"桂风壮韵——广西壮族织绣文化"展在国丝隆重开幕。为配合此次展览，国丝策划了丰富的文化体验与配套社教活动。开幕仪式结束后，各位来宾在身着壮族服饰的广西民族博物馆讲解员的带领下参观展览，还近距离欣赏了中国织锦工艺大师谭湘光老师表演的竹笼机壮锦织造技艺。开幕当晚，本次展览策展人之一的广西民族博物馆副馆长吴伟镔作了题为"那山那水那人——壮族的历史与文化"讲座。

"丝路之夜"是2016年国丝新馆启动后推出的周末创新社教活动项目，5月6日举办的"壮乡之夜"是2017年"丝路之夜"首个策划开展的特色活动（图4）。当日下午，靖西壮族绣球制作技艺传承人黄肖琴老师在国丝的女红传习馆传授绣球制作技艺，壮族糯食传承人在桑庐与观众共打糍粑（图5）。在馆区的锦绣湖畔，一男一女两位广西民族歌手与观众现场进行山歌对唱，让观众在室外真切体验了壮族糯食文化和山歌文化，优美的山歌唤起了人们对电影《刘三姐》的美好回忆，重现壮族"三月三"歌圩节的热闹气氛（图6）。当晚参加"壮乡之夜"的来宾们品尝地道的壮族五色糯米饭，观赏传承人黄肖琴的绣球现场演示,聆听"珠饰:海上丝路的远来明珠"和"壮乡之行"主题讲座以及来自广西歌手的壮语民歌演唱,在音乐、讲座、美食和其他非遗表演活动中,观众通过视觉和味觉的双重体验,多方位领略壮族别具特色的民族和织绣文化,实现"共美、共享、共鸣、共情"的展览效果(图7)。

图4 "壮乡之夜"海报

图5 糯食传承人打糍粑

图6 锦绣湖畔对歌

图7 "壮乡之夜"活动现场

此外，国丝还编印《桂风壮韵——广西壮族织绣文化》展览小图录，充分挖掘和重新组合国丝馆藏壮锦被面和背包的图案元素，策划设计、制作销售具有壮锦艺术特色的系列文创产品，如帆布包、笔记本、笔袋等，同时售卖广西民族博物馆创意开发的绣球、各式壮锦包袋、壮锦围巾、Q版广西十二世居民族娃娃行李牌等多款文创产品，满足不同观众的多种需求。这些衍生品作为展览的延伸，成为行走的展览、带回家的展览，进一步拓宽了互动体验和传播广度（图8）。

图8　展览文创产品

三、小结

我国少数民族服饰及其工艺具有多样性、民俗性、变迁性和交互性的特点，是中华民族文化和纺织非物质文化遗产的重要组成部分，举办高品质的民族服饰展览是让更多大众关注和传播民族文化遗产的重要方式。国丝将策划合办民族服饰系列展作为临时展览之一，2017年将我国少数民族人口最多的壮族的织绣文化作为展览主题，借助广西民族博物馆丰富的壮族织绣藏品和壮族文化研究成果，充分发挥国丝在传统民族织机领域的研究优势，以壮锦织机非遗调研获得的第一手资料为基础，科学梳理壮锦不同的手工提花技艺，突出并提升了展览研究性和专业性，同时通过周末开设"壮乡之夜"、售卖文创衍生品等互动体验项目，使展览体验变得更为丰富和立体，加深观众对民族服饰展览内涵的理解，并逐渐将这种"展览＋研究＋社教之夜"民族服饰系列展的办展模式打造成为国丝临展品牌之一。继2017年举办"桂风壮韵——广西壮族织绣文化"展和"壮乡之夜"之后,2018年国丝与贵州省博物馆合办"霓裳银装——贵州苗族服饰艺术展"和"苗岭之夜",2019年联合韩国传统文化大学举办"一衣带水——韩国传统服饰与织物展"和"韩国之夜",2020年携手云南省博物馆共同举办"云上之和——云南哈尼族服饰展"和"哈尼之夜",致力成为多维度保护传承和弘扬民族服饰遗产的文化殿堂。

参考文献:

[1] 莫福山. 中国少数民族传统服饰文化的特色[J], 中央民族大学学报, 1994 (5): 65.
[2] 国家图书馆. 丝绸中的记忆[M]. 北京: 国家图书馆出版社, 2013.
[3] 谭莹. 壮锦的传承与发展[J], 大众文艺, 2010 (8): 136.

博物馆服装类展览主题的宏观展现和微观表达

许 梦[1]

> **摘要**：创新是发展的动力，博物馆的展览策划也在探索尝试中不断前行。本文拟通过总结笔者多年的展览设计经验，结合服装类博物馆展览的信息数据分析，分别对展览主题设计中存在的以审美体验为导向的宏观展现手法和以信息输出为目的的微观表达方法进行详细论述，为博物馆展览创新道路找寻未来的方向。
>
> **关键词**：服装；博物馆；展览；宏观展现；微观表达

中国历史源远流长，服装的历史亦可追溯到很遥远的时代。黄帝时期的"胡曹作衣"是有关服装产生的传说，被记录于战国时期的《吕氏春秋》和《世本》。对于服装的起源，《中国纺织通史》一书中列举了三种不同的观点，分别为实用说、性差说和装饰说。实用说认为服装的产生发端于物质的动机，也就是说服装的产生源于原始居民的实际需求，细分为气候适应说和身体保护说。性差说指出服装的起源是因男女之间生理和心理的差异导致，细分为异性吸引说和羞耻说。装饰说的切入点为服装发端的真正原因为其背后所属的若干精神属性，具体细分为护符说、标示说和审美说[1]。撇开三种观点是否为唯一性不论，它反映出人不仅是自然的产物，也是社会的产物。服装作为人的附属品被人设计出来，自然根源于人的自然性和社会性。故而，现今的我们可以通过遗存至今的服装窥视人类社会漫长的发展轨迹。

---

[1] 许梦，江宁织造博物馆馆员。

众所周知，博物馆是当代社会中拥有历史资源最丰富的场所之一，是一架连接当代社会和古代社会的时空穿梭桥梁，而策划各类主题的展览则是支撑桥梁的重要结构之一。现如今，各家博物馆都在研究如何通过展览讲好中国故事，虽说是故事，但绝不等同于文学作品似的虚构情节，凭空捏造，而是要有所依据地将不同历史时期的自然状态、社会风貌说清楚，将历史事件的来龙去脉讲明白。整个过程中要严格遵循严密的科学性和逻辑性，尽可能地客观呈现史实。为此，我们一般会结合展览内容，选取与之相对应的文物藏品进行展示，以证明事实的存在。这种用客观事实去印证主观观点的方法，便是展览具备科学性和逻辑性的体现。

服装类藏品是各家博物馆藏品的主要类别之一，服装类展览也是博物馆展览主题中最常见的一类。这是因为无论时光如何流转，社会如何变迁，服装伴随人类变革的步伐不曾消失。服装是人类创造的产物，是精加工的产品，其背后隐藏的信息千千万万，所以说服装类展览的主题可大可小，大到服装的政治、经济意义，小到服装材质、技艺的演变发展。而策划一项服装类的展览需要明确展览的目的，从展览的内容出发，结合展品的客观情况进行展览内容及形式的精心设计，找到一个恰当且有意义的切入点带领观者进入服装的世界。根据笔者多年的服装类博物馆展览经验，博物馆服装展览主题的路线设计大体分为两大方向。一个是以审美体验为导向的宏观展现，用美的感受让观者增加美的认知，形成文化自信；另一个是从知识普及角度出发的微观表达，通过对服装背后的材质、工艺、社会环境的分析，让观者透过服装看到背后隐藏的信息。

以审美体验为导向的宏观展现，是以带给观众美的感受为基础脉络，分析拟展出展品的特点，或者想用展品向观众展现展品的某种特性，结合展览的形式设计中的流线、环境、展示、光影的精细设计，烘托出服装特点的美学要素，将服装不同角度的美尽可能地一一展现出来，让观众从视觉上受到美的冲击，感受服饰美所带来的生活意义。我们在文章开头论述的服装起源时提及三种论点，其中装饰说的切入点则包含了审美说。如同王霄兵和张铭远的《服饰与文化》所述："任何一个民族的服饰，其中总有大部分内容是出于漂亮的动机而设制。"[2]服装的审美需求是客观且长期存在的。具体到一件服装的设计对于色彩、纹样、剪裁、工艺等各方面的选择，其背后隐藏的一个是社会环境中对于美的需求，此需求根源于当时社会环境中的人对于美的主观看法，另一个是受当时纺织技术发展所影响，形成的审美壁垒，此因素是客观的。"在服装的初始阶段，当时人们所运用的工具和材料，所掌握的工艺等技术性因素的发展和进步，对服饰艺术的表现形式产生了决定性作用。从服装的形制来看，从旧石器时代后期到新时代再到金石并用时代，磨制石器对打制石器的取代，每一次工艺技术的进步都促进了服装形式的根本性变革。"[1]所以，人类社会中对于"美"的标准并不是一成不变的，它会随着环境和技术而变化。正因为有了变化，才产生了差异，差异的出现便是服装艺术能够源源不绝的原因。现代社会的美学观念因20世纪的社会裂变和现代社会的信息革命等多方原因，已与从前相去甚远。所以如若将过去的美感与现代的美学理念放在同一时空中，必然会产生强烈的差异性，这种差异性会对于观者的心理产生冲击，继而形成思考力，使观者从被动性输入信息转化为主动性思考信息。朱光潜先生在《文艺心理学》论述过"近代美学所侧重的问题是：在美感经验中我们的心理活动是什么样？至于一般人所喜欢问的什么样的事物才能算是美的问题还在其次。"[3]凌继尧先生认为朱先生的这句话准确地说明了近代美学发展的新趋势。他提到"朱先生从具体的审美事实出发，以美感为中心来构建自己的美学体系，这大不同于以美为中心的美学研究思路。"[4]简而言之，通过展现不同时期的服装特点，使观者体验到与当代社会截然不同的审美感受，继而产生不同美感的心理差异性。再以此为切入点，使观者主动地去对比过去与现在的不同，思考其中的缘由，这就完成了从被动感受到主动思考的转化。以江宁织造博物馆的"中国旗袍馆"为例，"中国旗袍馆"是江宁织造博物馆2013年开馆之初的基本陈列之一，也是江宁织造博物馆极具特色的展厅之一。旗袍是民国时期标志性的服饰品类，时至今日，有些年龄稍长的长辈依旧能回忆起穿旗袍生活的场景，对旗袍有着很深的情愫。为此，馆方在展厅内展现一件件不同时期的旗袍并还原了旗袍在民国不同时期、不同场所的使用情景，还原了当时旗袍风潮席卷整个社会的景象，让观众在展厅内乘坐时光机器回到过去、重拾记忆、重温旧年时光，也让当代的年轻人穿越回100年前，体验与当代社会不同的风貌和审美标准。"中国旗袍馆"的展览内容是围绕着旗袍的源起和流变展开，但在展示手法上重展示、轻文字。这里的"轻"并不是轻视，而是减少叙述类的繁复文字，减少教科书那种一板一眼的语言，用灵动的语言讲述旗袍的故事、用一件件不同时期的旗袍让观者看到旗袍的发展和变化。"她，是内敛的，也是张扬的。她，是雍容的，也是灵动的。她，是中国女性传统服饰的代表，也是最具风情的中国符号。她穿越时空隧道从300年前走来，带着皇城里的精致与奢华，步入十里洋场的纸醉与金迷，迈过战争年代的动荡与阴霾，在文化全球化的今天风华依旧。她就是'中国旗袍馆'与您守候的永恒记忆——旗袍。"这是"中国旗袍馆"展厅展板上的一段文字，短短 141 个字，写出了旗袍的特点，写出了旗袍的前世今生，写出了旗袍的风姿绰约、美丽动人。拟人的手法、飘逸的文字，让人体会旗袍的味道、感知社会的独特风尚。我认为，这便是以审美体验为导向的宏观展现类的服装主题展览。

从知识普及角度出发的微观表达，则是直接向观者输送知识信息，运用文字、图表、展品等多种方式，以微观表达的手法对所述的内容进行论证。整个过程如同撰写论文时运用的论证方法，即提出观点再论证观点，目的是快速有效地向观者传达准确的信息，普及多种知识，最终实现文化自信。郭先生在沈从文先生《中国古代服饰研究》的序言中写道："古代服饰是工艺美术的主要组成部分，资料甚多，大可集中研究。于此可以窥见民族文化发展的轨迹和各兄弟民族间的相互影响。历代生产方式、阶级关系、风俗习惯、文物制度等，大可一目了然，是绝好的史料。"可见对于服饰藏品的研究是论证历史社会形态的方式之一，对于服装的演变的研究也是主题之一。服装不仅与工艺技术的发展有着密切的关系，也与社会政治、经济、文化、军事等方面有所关联。历代对于服装的不同需求造就了服装纺织技艺的多样性，其中既有联系又有区别。纺织技艺是服装技艺中的主要部分之一，也是服装类专项展览主题的主要切入点之一。众所周知，蜀锦、宋锦、云锦是中国三大名锦，壮锦是少数民族优秀织锦的代表，四锦都是国家首批非物质文化遗产保护项目。荣获江苏省十大优秀展览的"锦行天下——中国织锦文化展"便是以织锦的发展脉络为经，以蜀锦、宋锦、云锦、壮锦为纬，从织锦的源流发展、技艺演变、功能应用等方面呈现中国织锦文化的深厚底蕴和绚丽华章。在普及织锦文化的同时，让观者在同一空间内体会不同时期、不同地域的织锦文化，认识到四锦之间既有相似性又有差异性，以此讲好中国织锦故事，展现出广博的中国织锦文化。这个展览便是从微观视角讲述服饰的故事。展陈大纲分为蜀锦、宋锦、云锦、壮锦四大部分，每一部分由"锦的历史渊源""锦的织造技艺和品种""锦的用途和艺术成就"三个单元组成。从这个展览的大纲中就能发现，相比于宏观展现，微观表现更多的会将社会、历史、文化、经济等大环境要素——剖析，试图去展现影响服装演变的众多要素，所以大纲中对于四锦的历史渊源、织造技艺和品种描述详尽且严谨，力图将每一步的演变过程讲述准确清楚。中国织锦文化博大精深，一些行业类专业性名词总会让非专业人员看得一头雾水，形成了信息获取的一道阻碍。为此，我们需要一把钥匙去解锁文字，这把钥匙就是运用多种多样的展览展示方法去对应内容、解读内容，比如我们在讲述云锦技艺时提到了意匠稿、孔雀羽线，我们便通过展示意匠稿、孔雀羽线去对应展板上的内容，去帮助观者解读信息。再比如我们提到了织物组织中的平纹、斜纹、缎纹这三种"原结构"，为了帮助观者理解，我们巧妙运用目前在年轻人中很受欢迎的 Logo 灯，将三重原结构并列放在一起，让观者一眼看出其中的不同，既增加了丝织主题展览的专业性，又通过具有流行元素的展陈手段吸引观众驻足观看，实现展览对丝织主题的科普使命。这样一来，不仅能从微观视角将服装解析清楚，也能体现出中国织锦文化的多样性、丰富性与独特性。中国丝绸博物馆策划的展览"神机妙算：世界织机与织造技术展"便是以织造机具为主体，结合相应织物，展示世界各地纺织文化圈的传统织造技术与纺织艺术。服装工艺技艺包罗万象，而织造机具是其中的一个点，此展览便是通过此点的多方位多角度的展现，让观者对服装工艺技术这个面有了更深入的认知，继而映射出服装历史的源远流长。两个展览的主题都是与服装相关，但织锦文化的展览主题相比于织造机具要宽泛得多。由此可见，服装类展览的切入点选择可大可小，手法不一。正是因为服装类的展览主题角度不同，才能多维立体地呈现长久以来服装艺术的魅力，同时让观者对服装类的传统文化有着更加广泛且深入的了解，最终实现文化自信。

  以上观点是由笔者多年在服装类主题博物馆（江宁织造博物馆）从事展览工作中实践、分析、总结得来。为进一步印证上述的观点，笔者查阅了中国丝绸博物馆网站上公布的近三年 36 项展览项目。中国丝绸博物馆是中国最大的纺织服装类专业博物馆，也是全世界最大的丝绸专业博物馆，值得我们学习请教。笔者发现，该馆官网上记录着历年来的展览信息，多数展览信息中以展品展示为主，文字信息中涵盖着时尚、艺术、感觉、体验等字眼，有些文字详尽，涵盖清晰的历史脉络、维度多样的观察视角，有些文字寥寥、展品众多。笔者据此进行了主观性的简要区分。在该馆近三年的 36 个展览项目中，以审美体验为主要导向、以宏观展现为手法的服装艺术展览 14 项，以知识普及为主要导向、以微观表达为手法的展览 20 项，捐献类主题展览不计入其中。虽说此信息的分析是主观性行为，但也可证明服装类主题专题展览确实存在以下两种路线设计的现象，一种是以审美为导向的宏观展现，另一种是以知识普及为目的的微观表达。有趣的是，分析过程中，笔者自己对于展览主题路线设计存在区分和判断不明的现象。究其原因，主要是有些展览既用了宏观展现的理念，也用了微观表达的方法，只是两者在展览中占比不一。可见，知识性与审美性并存，在当代博物馆展览中是一种新气象，也是博物馆从业者探索展览设计的新方向。两者的有机结合促使博物馆从业者不断提升各方面的能力，其中包括各类知识不断的积累和拓展、各学科之间的兼容并蓄、自身审美能力的不断提升等。

　　笔者作为服装类博物馆展览的从业者，曾在多年的展览内容及形式的设计中，运用多种方式进行主题展现。而无论采用何种方式，都是为了科学有效地展现主题，以便观者在参观博物馆中获得精神上的给养，促使中华民族实现文化自信、民族复兴。

参考文献：

[1] 周启澄，赵丰，包铭新.中国纺织通史[M].上海：东华大学出版社，2017.

[2] 王霄兵，张铭远.服饰与文化[M].北京：中国商业出版社，1992.

[3] 朱光潜.朱光潜全集（第一卷）[M].合肥：安徽教育出版社，1987.

[4] 凌继尧.美学十五讲[M].北京：北京大学出版社，2003.

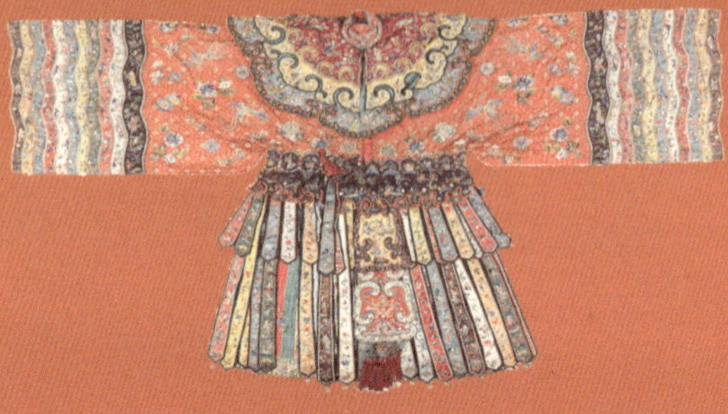

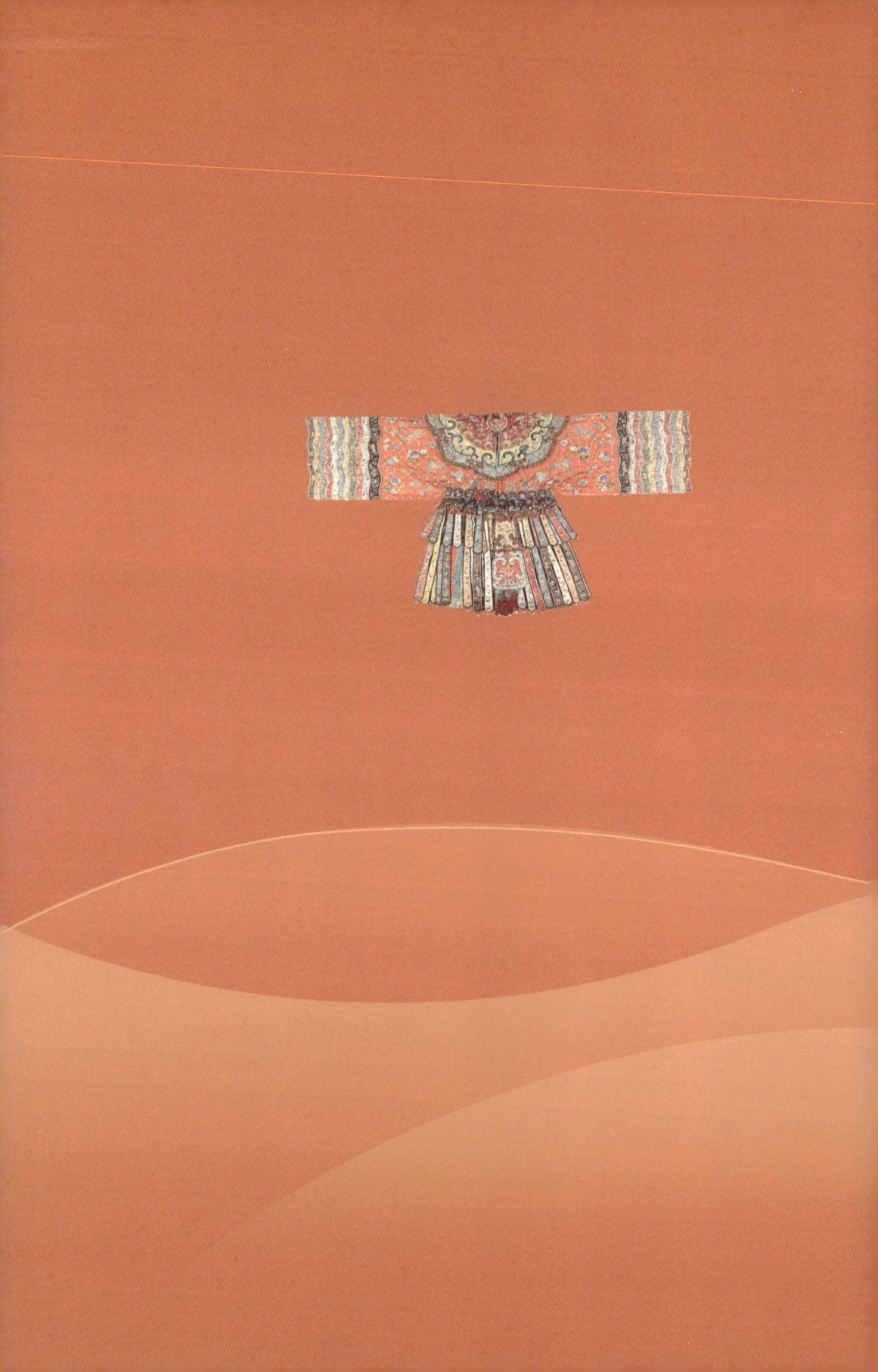

社会教育与创新模式探讨

第二版块

服装与设计博物馆的美育浸润研究

程伟明❶

> **摘要**：服装与设计博物馆具有丰富的显性和隐性的美育资源，是进行美育教育的重要机构。在美育浸润行动计划的视域下，应当发挥服装与设计博物馆的美育功能，培养参观者的审美能力，提高参观者自身的艺术素养。现分析服装与设计博物馆的美育功能、美育资源、美育浸润的创新方式三个方面，为服装与设计博物馆的美育浸润提供创新路径。
>
> **关键词**：服装与设计；博物馆；美育浸润；创新研究

引言

  服装与设计博物馆属于博物馆行列的一种类型，是专门针对服装与设计的特殊的、不同于其他的博物馆。它能够担负起美育的作用，帮助高校进一步做好体育美育工作，发展体育美育教育。在《关于开展体育美育浸润行动计划的通知》当中，我们国家在全国二十所高校试点开展体育美育浸润行动计划。在整个社会大力推行美育浸润行动计划的视野下，通过服装与设计博物馆创设美育浸润的环境，浸润参观者的心灵，满足人们对于精神审美的需要，让参观者能利用服装与设计博物馆的美育资源，获得良好的体验和服务。目前，我国的服装与设计博物馆还远远不能满足人们的美育需求，对于服装与博物馆的创新研究也不足，笔者试通过研究，扩展服装与设计博物馆的美育浸润领域，为做好博物馆美育工作提供新的参考。

---

❶ 程伟明，男，河南周口人，硕士研究生，研究方向为民间美术。

一、服装与设计博物馆的职能

"中国博物馆从一开始就是使命型的博物馆,它的存在价值就在于它实现社会所赋予它的使命"[1]。随着时代的发展,挖掘博物馆的新的职能和存在价值,是博物馆学术界最值得关注的方面。博物馆当中的服饰、设计品,都是人类文明发展的见证,服装与设计博物馆能够呈现给人们服饰文明和设计文明。中国博物馆协会服装专业委员会成立于2006年,由北京服装学院民族服饰博物馆带领组建的,再到后来发展成为服装与设计博物馆专业委员会。从成立之日起,服装与设计博物馆就以"让文物活起来"和"聚焦美好生活"为目标,其教育功能就随着博物馆的产生而产生,中华优秀服饰文化、设计文化也能通过服装与设计博物馆传播和弘扬。中国的服装与设计博物馆起步较晚,但现在已经具有了一定规模。中国一直以来就有"衣冠王国"的美称,建设服装与设计博物馆是我国建设文化强国、美丽中国的必然要求。服装与设计博物馆虽然也属于博物馆系统,需要遵循博物馆的体系和特征,但是和普通的博物馆又不同,具有特殊性、逻辑性和技术性。抓住陈列服饰的特点,要求做到把文化价值可视化输出,将服饰的文化内涵、设计文化传达给欣赏者、参观者。通过展览品和陈列设计,传达其中的美育功能。深入挖掘中华服饰优秀传统文化,普世的审美思想、审美标准、审美风范,打造具有特色的博物馆。调查研究各层次参观者的审美期待、审美需求,推出基于调查研究的展览设计,因地制宜的体验活动设计,满足参观者不断提升的对于精神文化的需求。服装与设计博物馆的职能,主要有满足精神需求、收藏研究文物这两个方面。

(一)满足精神需求

社会的不断进步,科技的不断发展,参观者在物质水平上面得到了满足,开始追求精神的满足。最近几年,旅游的热门打卡地从旅游景区、商业区逐渐变成了博物馆,迎来了博物馆旅游热,服装与设计博物馆应该顺应时代的发展趋势,打造具有特色品牌的博物馆,现如今有许多服装设计的发布会在博物馆举行,比如北京恭王府曾经举办过许多次的T台秀。服装与设计博物馆因为本身具有的特殊性,较为擅长服饰与设计品的展览,因此欣赏者可以通过在博物馆看服装秀场、欣赏设计艺术品来提升自身的审美修养。博物馆变成时尚品牌T台秀场、服装发布会，走进博物馆，一场时空的转换会让欣赏者感受到古今碰撞所带来的美。而服装与设计博物馆可以担负这样的职能，发挥更大的艺术张力。在博物馆当中，往往产生的效果会比专门的秀场或者其他室内环境要好，服装与设计博物馆能够让人们欣赏文物的时候内心世界平静下来，在回顾古代的时候，人们的内心是安静的，在看到展柜当中陈列的古代服饰和设计展品时，会让人觉得进入了原境，不由自主地还原原境。而且在很多博物馆当中，会有VR体验、交互设计环节，让人们身临其境，很多博物馆也会做一些仿真的生活场景。比如中国国际设计博物馆，通过线上VR全景展厅设计，把线上的展览方式，呈现在线上对设计产品进行展示，在新冠肺炎疫情防控期间闭馆的状态下，能够让人们足不出户欣赏到在实际场馆里面的场景，人们的内心受到震撼，同样给人以精神的享受，满足精神文化的需求。

从习近平总书记在2014年文艺工作座谈会的讲话当中，还有2018年给中央美术学院8位老教授的回信中，以及在全国教育大会上的讲话中，我们都可以看到美育的重要作用和加强美育工作的重要性。服装与设计博物馆当中的服饰和设计品带有不同时代的社会、艺术、文化等信息，是各个时期不同的审美转化的结果。随着博物馆当中的服装的实用价值慢慢失去，其装饰作用开始凸显，爱美之心人皆有之，人靠衣裳马靠鞍，服装本身所具有的美，是最直接、最容易被人们接受的。服装与设计博物馆，不应该求大而多，应该追求小而精，当中收藏的服饰和设计品应该能为参观者获得美育知识提供条件，发挥美育功能。服装与设计博物馆应该分层次、有选择性地对参观者进行美育教育，积极引导参观者接受服饰当中的美育知识，全面地启发参观者，进行美育浸润，唤醒他们的审美认知能力，使其产生情感的共鸣。

开展美育教育，人们首先想到学校，其实作为公共机构的社会博物馆也可以开展美育教育工作。英国的著名博物馆学家格林黑尔（Hooper Greenhill）也曾说过，博物馆的首要职能就是教育，教育是博物馆存在的根本原因。服装与设计博物馆也是一所专门学校[2]，是以服饰文化为主的学校。通过参与服装与设计博物馆的学习，了解传统文化、服饰文化知识，可以逐步培养观众正确的审美观念，以美育人、以美化人、以美培元[3]，也可以作为服装与设计博物馆审美教育的宗旨，参观者的审美能力会逐渐提高，社会文化教育体系的完善的标志之一是人们的美育教育的普及。现在有很多地方建设了服装与设计博物馆，比如中国美术学院国际设计博物馆、东华大学上海纺织服饰博物馆、浙江理工大学丝绸博物馆、北京服装学院民族服饰博物馆，这些是服装与设计博物馆开展美育教育、开展美育浸润的典型案例。

（二）收藏研究文物

把文物研究好，就是在传承我们的文化基因，通过欣赏这些文物的历史之美，来感受中华民族服装与设计的文明历史。在2015年国务院颁布的《博物馆条例》中将博物馆的功能由"收藏、保护、研究"变更为"教育、研究、欣赏"。服装与设计博物馆更擅长将服饰文物保存下来，进行研究保护。中国丝绸博物馆在我国是最大的纺织服装类专业博物馆，也是全世界最大的丝绸专业博物馆，该博物馆从机制建设、安全保护、征集藏品和管理文物、展览、陈列文物、文物的保护与基地建设、学术研究、文博宣传、文博教育和培训、交流合作等方面有效地保护利用文物，也取得了很好的研究成果。

服装与设计博物馆收藏和研究文物的价值与意义分为以下几点：一是通过收藏的文物进行教育，二是增强了本民族的文化自信心，三是使文物得到了保护利用。"博物"与"馆"连接在一起成为"博物馆"，作为文化教育机构，服装与设计的产品为其提供了有形和无形的遗产，三者之间的价值和意义相互联系在一起。比如石河子大学文学艺术学院的师生在军垦博物馆进行参观学习，把博物馆当作中国美术史思政课堂，通过馆内收藏的服饰文物进行思政教育，使师生了解到馆内文物的历史价值、艺术价值的同时，也得到了思想的提升。

二、开发服装与设计博物馆的美育资源

分析博物馆不同人群参观者的美育需求，积极探索服装与设计博物馆的美育资源，美育资源是服装与设计博物馆进行美育浸润的基础，服装与设计博物馆的美育资源主要有显性（物质文化资源）的和隐性（非物质文化资源）两种。博物馆作为这两种美育资源的中间桥梁连接着参观者，它们不是孤立的、对立的存在，而是整个博物馆的一个部分，它们相互统一，共同作用于参观者，参观者不仅仅是感受到这些显性

的展品资源，而且在博物馆的方方面面也受到隐性资源潜移默化的美育浸润影响。

　　服装与设计博物馆往往偏重于显性美育资源的开发利用，很少在隐性的美育资源方面下功夫。欣赏者在博物馆获得的美育教育，要比在学校课堂当中更加具有真实性，是学校美育教育的补充。服装与设计博物馆当中的服饰展品和设计展品，就是显性美育资源，它们充当着媒介的形式与参观者交流。参观者通过这些媒介，在受到美育浸润后，将得到的感受和获得的知识与自己的生活联系起来、和社会联系起来，显性资源和隐性资源交叉配合，使参观者获得美育素质提升。在博物馆展柜当中展示的服饰，可以称作物质文化遗产，实物本身作为遗产，是属于文化财富，这笔文化财富可以作为美育的显性资源。服装与设计的美育资源实体本身不能说话，但是通过物与人之间产生对话、交流，在展柜当中静态的服饰就活起来了，进而达到美育浸润的效果。现在许多博物馆都可以通过数字展厅、导游服务、VR（虚拟现实）体验等方式，让参与者和静态的文物资源进行互动，这对青少年的美育教育至关重要。因此一些博物馆，比如北京故宫博物院，积极引导参观者进行参观，在参观的整个过程当中，参观者的审美水平、审美感受力和创造能力得到提升，作为社会教育机构的博物馆发挥了巨大的作用。又如参观者在贵州省民族博物馆参观的时候，该博物馆的讲解员会带领参观者参观展柜当中的苗族婚礼服饰，向参观者讲解这些服饰当中所包含的意义。观众在博物馆中欣赏服饰和设计品，研究其中的审美价值所在，可以接受到美育教育。

　　博物馆当中展示的服饰和设计品蕴含着丰富的文化价值、历史价值，研究文物的价值，就是在开发其中的美育资源。北京服装学院民族服饰博物馆有大量少数民族服饰，服饰当中的纹饰、图案，包含着许多意义，比如苗族的文化和历史，是藏在苗族服饰当中的，读懂了博物馆当中的苗族服饰，就可以了解到苗族的文化、历史的发展脉络。在服饰的图案当中，大多具有吉祥的寓意，"图必有意，意必吉祥"，例如蝙蝠与石榴同时出现，蝙蝠的"蝠"音通"福"，石榴的籽多，紧紧地团结在一起，而且又能够象征多子的含义，组合在一起就是多子多福的美好寓意；鱼和鸟在苗族人民认知中分别代表了男人和女人，二者组合在一起，也是代表了对后代子孙生生不息的期盼[4]。这些吉祥的图案，能够让我们感受到服饰的美丽，了解到许多服饰背后的文化。服装与设计博物馆中服饰背后的文化，是看不见的隐性美育资源，服饰本身是所能够看到的美育资源，即显性美育资源，比如图案、纹饰、结构、工艺、色彩等。服装与设计博物馆当中陈列的方式、展览的方式也是显性的美育资源，在独特的空间里面，按照特定的主题排列好相应的顺序，再加上艺术设计的组合方式，进行陈列、举办展览，传播服装文化、设计文化和提供审美空间。服装与设计博物馆本身，可以开发利用这些资源，比如空间的展示、环境的设计、服饰的摆放状态等，参观者通过视觉、听觉、知觉，感受到这些美的资源的影响，参观者的审美能力就会得到提高，这是一种潜移默化的作用。

三、美育浸润的创新方式

服装与设计博物馆应尽力做到把美育资源创新利用。服装与设计博物馆陈列的物品，从美育浸润的角度，它是人们审美价值观的体现，参观者通过欣赏展品，能够受到启发。随着接受高等教育的人数增加，在提升文化自信心、建设文化强国、提高国家文化软实力、复兴优秀传统文化等背景下，美育被摆在一个很重要的位置，积极探索服装与设计博物馆美育的创新方式，成为一个新的主题。经过研究，服装与设计博物馆创新方式应该围绕三个方面进行：第一，因地制宜；第二，创新课程设计；第三，沉浸式交互设计。

（一）因地制宜

2021年"5·18国际博物馆日"中国主会场活动在首都博物馆举行，根据国家文物局局长李群在讲话中公布的数据显示，截至2020年底，全国登记备案的博物馆达到了5788家[5]。这些博物馆是否能够吸引参观者，取决于博物馆是否拥有自己的特色。抓住区域文化的特色和博物馆文物的特色，是服装与设计博物馆能够脱颖而出的根本，通过实体建筑打造博物馆的特殊性，利用博物馆本身具有的文物，在展陈方式上面下功夫，弘扬优秀传统服饰传统文化和设计作品。文物就是宝贵的资源，相当于教科书。服饰文物具有与青铜器、珐琅、陶瓷等不同的展示方式，服饰原是在人们身上展示，但是在服装与设计博物馆中，需要特殊的展示方式，更好地将服饰展示给参观者。如果展示方式没有创新，那么就会让博物馆变得"千篇一律"。中国丝绸博物馆因势利导，建筑外形和杭州西子湖畔玉皇山的环境相匹配，顺应周围的环境，从外观上看上去像一个"巨大的蚕"，因地制宜的建筑外观，使得博物馆和周围的玉皇山环境融为一体。在博物馆内收藏了数百位国内知名服装设计师的时装作品、服装院校师生的优秀作品、国内重点时装大赛的获奖作品，以及纺织企业的家纺面料创新产品等。在2015年改扩建设计中，将新馆与旧馆融合为一体，形成丝路馆、非遗馆、时装馆、修复馆与山水相互交融的立体画卷。如时装馆中利用弧线形复廊、天窗、扇形亭、月洞门等，和老馆建筑、杭州城历史记忆形成对话关系[6]。为了突出丝绸博物馆的特色，种植大量的桑林，推出"蚕乡月令"系列活动，让参与者能够感受到传统蚕乡民俗、蚕俗非遗文化，以这种新颖的活动来吸引参观者。各地的服装与设计博物馆，要因地制宜找到属于自己的特色，大胆地创新陈列方式、陈列设计，通过外部环境使参观者受到熏陶、启迪、感染，让他们无声无息地接受博物馆的美育浸润。服装与设计博物馆要在服饰方面下功夫，围绕服饰做文章。上海纺织服饰博物馆是中国唯一以纺织服饰来命名的服装与设计博物馆。博物馆总体面积在6000平方米左右，因地制宜，通过四个展厅展现服装与设计之美。一楼是科普类展厅，是从纺纱织布开始到终端的各种各样的产品，科普介绍纺织服饰的知识。利用东华大学纺织学科的专业优势，辅助高科技的展示方式，参观者可以利用电脑进行刺绣设计和首饰设计。二楼是古代馆，主要是从艺术和技术的角度介绍了中国古代的纺织服装业向前发展的动态，参观者可以近距离地看到实物展示。三楼是近代馆，展出女装、男装和童装的服装实物。另外还有一个少数民族馆，主要展现南方少数民族服饰。通过多媒体、实物场景复原等方式立体展示少数民族的服饰风貌。博物馆还经常举办跟纺织服饰、时尚设计乃至艺术相关活动。可见只有抓住本质的创新，才能够展现出亮点，真正地吸引参观者，达到展览的效果。

（二）创新课程设计

《博物馆条例》当中有关于创新课程设计的规定，博物馆可以制定利用博物馆资源开展教育教学、社会实践活动的政策措施。相关部门应当鼓励学校结合课程设置，组织参与者到博物馆开展学习实践活动。博物馆应当对学校开展的各类教育教学活动提供支持和帮助[7]。服装与设计博物馆需要担负教育人的社会重任，有针对性地开展创新课程设计，使参观者能够通过博物馆学习，接受美育教育。服装与设计博物馆依据自身所具有的服饰资源，和自身相对宽阔的空间环境，在课程设计方面，不同于学校开展的在固定的教室空间展开课程类型。作为博物馆主体可以围绕课前、课中、课后三个环节展开课程设计。在课前，需要对参观者进行调查研究，分年龄阶段、分职业情况，对他们的审美需求、审美期待调查研究，可以和社会组织机构、企事业单位、教育部门展开合作，将服装与设计博物馆的美育资源发挥最大的价值。在课前需要引导参观者提出问题，在这个过程当中，参观者自身也会形成审美期待视野。审美期待视野是接受者审美期待的心理基础，它是指接受者由现在的人生经验和审美经验转化而来的关于艺术作品形式和内容的定向性心理结构图式。审美期待视野的形成，是鉴赏主体长期的艺术实践与生活经验积累的结果，又是多种因素综合作用的结果，包括外在的社会背景、时代氛围、文化传统、民族精神、风俗习惯等因素，也包括内在的人生态度、心理性格、兴趣爱好等因素。在课中，主体进入预先设计的课程当中，也等于在进行审美体验，为了达到较好的课程效果，必须进行讨论，不能够单纯地应用视频、图文资料、音频资料进行历史背景知识的讲述。应在理解的基础上，调动参观者的好奇心，并且能够围绕提出的问题，在博物馆课程组织者引导下进行分组讨论，锻炼解决问题的能力。在课后，引导参观者进行分享交流、反馈自己的感受，在这个过程当中解决遇到的问题。如对于青铜器的铸造方式不清楚，可以通过查阅与询问得到答案（图1）。在解决问题的时候，美育就潜移默化地发生了，在分享审美经验的过程中，加深自己的审美经验，深化自己对于博物馆课程设计的理解。玛利娅·蒙台梭利（Maria Montessori）认为："我看到了，我忘记了；我听到了，我记住了；我做过了，我理解了"[8]。三个环节的课程设计，在服装与设计博物馆课程设计中包含着看、听、做三个方面，受教育者在博物馆的展陈环境当中将视觉、听觉、嗅觉、触觉融合在一起，不断地与服饰、设计品、周围的环境进行多重的感官联动，"从做中学"会产生更好的学习效果。因此，通过服装与设计博物馆的创新课程设计，提升参观者的审美感知能力，使参观者不仅学到服饰文化、设计文化知识，并且理解美，为美的人性、美的生活、美的世界所感动，我们的社会和世界才会成为真正的美丽世界。

图1 服装与设计博物馆课程设计环节

（三）沉浸式交互设计

现在许多博物馆开始利用沉浸式交互体验设计技术，让参观者能够身临其境地进行参观体验。最典型的就是敦煌莫高窟，利用沉浸式虚拟3D技术，使莫高窟洞窟的场景可以重现，因为大量的人进入洞窟参观会对壁画产生负面影响，运用这些技术，大大减轻了洞窟的压力，既保护了洞窟文物，也增加了参观者的体验感、审美感。沉浸式的交互设计增加了参观者与文物之间的互动，浙江理工大学丝绸博物馆打造沉浸式体验环境、情景复原、互动体验，积极引导参观者融入体验当中，让参观者能够身临其境感受到美育浸润。在浙江理工大学丝绸博物馆当中，参观者可以通过提花木织机自己织造丝绸，每年举办的汉服节，游客置身其中，仿佛穿越回到了古代。进行沉浸式交互设计，首先还是考虑参观者，只有抓住了参观者的真实想法，才能够让技术为人服务；再者需要考虑服装与设计博物馆的服饰文物、设计产品，让实物反映出真实性，让参观者的体验感增强。参观者在接受沉浸式体验当中，与交互设计产生共情，置身于真实的场景当中，得到审美能力提升。传统的服装与设计博物馆仅仅为参观者提供了一个普通的展示环境，而且展览的参与度很低，甚至参观者不能清楚地观赏到真实的展品。借鉴并学习先进博物馆的做法，如中国丝绸博物馆利用线上的虚拟空间，利用沉浸式交互体验的技术以百件服饰庆祝建党百年数字特展，将中华服饰的绝代风华展现出来。因此，沉浸式交互设计能够解决美育浸润的实践问题，位于东华大学校园里的上海纺织服饰博物馆，使参与者以沉浸式交互体验进行服饰设计，发挥主动性、创造性，可以根据主体的喜好，有选择地进行面料设计、图案设计，通过动态的方式进行服饰的试穿，可以选择某个场景或者放大某个局部信息，沉浸交互体验感大大增强。听觉、视觉、触觉在沉浸式交互设计当中相互配合，通过这样的方式培养参观者的审美能力，进行美育浸润。

四、结语

每个博物馆都有自己的使命宗旨，服装与设计博物馆就是满足参观者的精神需求开展教育，研究好、保护好、利用好文物的文化机构。它见证着中国衣文化、衣文明和人类的设计历史、设计文明的发展历程。因地制宜找到博物馆的文化属性，在博物馆内部进行独特的美育浸润实践。如今有"博物馆旅游热"，服装与设计博物馆应该积极顺势而为，努力发挥自身的优势，理解参观者到服装与设计博物馆参观的真实的、深层次的精神文化需求，在博物馆文物方面下足功夫，提升内容质量、提高服务水平，发挥美育浸润的作用。从服饰文化、设计文化当中挖掘资源，春风化雨般培养参观者的审美能力，提高参观者的审美素养，满足人民对于美好生活的向往，建设好美丽中国。

参考文献：

[1] 苏东海. 中国博物馆的哲学[J]. 中国博物馆，1994（4）：8–13，27.

[2] 霍怡帆，李博文. 素质教育下博物馆教育与学校教育的结合[J]. 文物鉴定与鉴赏，2021（10）：129–131.

[3] 许烨鸣. 以美育人　以美化人　以美培元[J]. 中国轻工教育，2021（2）：2.

[4] 于洋. 美育的初心[N]. 美术报，2019-07-27.

[5] 郑祎琳. 图必有意，意必吉祥——以丹寨苗族蜡染为例谈民间美术的传承与发展[J]. 轻纺工业与技术，2020，49（8）：48，49，58.

[6] 郭欣怡. 从十八大以来的两会提案看中国博物馆的发展[J]. 文物鉴定与鉴赏，2021（2）：127–129.

[7] 徐望. 博物馆艺术审美时代来临——中国当代博物馆美育理念的政策性强化综述[J]. 剧影月报，2021（3）.

[8] 安陆一. 博物馆研学课程设计研究[J]. 科学教育与博物馆，2021，7（3）：247–251.

浅谈服饰类展览的社教活动策划思路

余楠楠[1]

摘要：服饰文化是人类文明优秀传统文化的重要组成部分，直接反映了各历史阶段的社会发展情况、人文风貌和审美风尚。对于传统服饰文化的展示、研究和宣教，是相关领域博物馆的工作重点之一。对于服饰类展览资源的利用和宣教，需要专业的宣教人员与研究人员合作策划，多元化、分众式、系统化地推出教育活动，加强展教结合，寻求社会协作，以期能够提高观众走进博物馆、参观展览的积极性和了解传统服饰文化精髓的主动性，更好地发挥博物馆的社会教育功能。

关键词：社教活动策划；服饰文化；博物馆展览

引言

博物馆是人类文明的殿堂，而博物馆所做的一切都围绕教育而展开[1]。美国博物馆界提出"藏品是博物馆的基础，教育是博物馆的灵魂"，突出强调博物馆教育在博物馆各项工作中的重要地位[2]。早在2015年，我国《博物馆条例》便将教育置于博物馆基本职能的首位。2022年8月24日，国际博物馆协会（International Council of Museums, ICOM）公布了博物馆的新定义，其中指明，"博物馆为教育、欣赏、深思和知识共享提供多种体验"。

观众能够从各类主题的博物馆中获取涵盖几乎所有人类曾创造过的优秀文明的相

---

[1] 余楠楠，中国丝绸博物馆馆员，研究方向为博物馆教育。

关知识和文化，在这些领域中，服饰文化无疑是极为重要的组成部分。博物馆通过举办服饰类主题展览，彰显传承弘扬民族传统服饰文化的重要性，以达到提升民族文化自豪感、向心力、凝聚力之目的；或是帮助本土观众拓宽视野，了解各个国家、各个民族的服饰历史与文化，以博物馆这一文化活动回馈社会公众。而做好教育活动策划、扩大展览的社会效益和影响力，最终助力博物馆达到举办展览的目的，是至关重要的工作环节，也是体现博物馆社教功能的主要方式。

需要说明的是，由于2020年以来全球面临的严峻环境，许多博物馆缩减了部分常规线下教育活动，开发、创新了各类线上的宣教活动，甚至逐步加强线上的比重。但由于线上活动效果很大程度上受各类宣传手段和宣传力度的影响，传播在线上宣教工作中占据几乎与内容同等的比重，因此本文暂不将线上宣教活动纳入探讨范围，笔者将大致概括、讨论并提出服饰类展览配套线下社教活动的五点策划建议。

一、提前制订配套教育活动规划

根据展览特色和定位，在展教合一的发展宗旨下，提前制定配套教育活动的规划，明确活动目的、目标观众等。展览本身就是博物馆最主要的教育活动，依托展览资源延伸教育功能、拓展展览覆盖面，是博物馆的主要使命和机构职能之一。

提前制订有效活动规划的最重要前提之一是教育活动的策划团队，这个团队需要由策展团队的主要成员与专职的教育工作者共同组成。或者说，在展览策划初期，策展团队便需要吸纳教育工作者进入团队，对展览的教育需求提出及时的建议。目前有一部分博物馆出现"展教分离""重展轻教""有展无教""先展后教"等情况，主要原因就是策划团队的组建并没有先于教育活动的策划。例如，策展团队主要关注策展思路、展线规划和展品选择等，很少主动关注展览的教育需求；在策展末期甚至是展览开幕后，才将手中的资料转给教育活动的策划和实施团队。

目标观众是博物馆展教工作的优先考虑对象。策展人员需要和教育工作者一起探索什么类型的展览最适合什么群体的观众，什么样的教育活动能最大程度地满足目标观众。有时虽然展览并不适合所有观众，但专门策划的配套教育活动可以取展览的部分内涵加入教育工作者的解读和延伸，从而适应更多群体。

目前国内博物馆使用的博物馆教育理论主要是乔治·海因（Georgei Hein）的建

构主义理论，即认知理论、学习理论和教学理论。该理论认为，博物馆教育人员不但需要具有博物馆经验和博物馆教学理论，还需对博物馆观众进行深入、系统的研究，了解其特点和需求，并与其互动，调动观众主动学习的积极性[3]。

因此，如有计划，能在展前至展览初期开展一定的观众调研活动，获得更多观众反馈和意愿、诉求等，能够取得更好的展陈和教育效益。例如，2020年9月29日，"衣冠大成：明代服饰文化展"在山东博物馆开展，在开展之前，博物馆将展前观众需求调查融入展览设计，首先通过与观众和策展人访谈，编制展前需求调查问卷；然后通过线上、线下两种渠道向目标观众群推送问卷，收集有效问卷255份[4]。得出的结论包括细化了的目标观众群，观众最感兴趣的展览内容和互动项目以及展览的宣传渠道和内容，展览的教育活动类型和最终的文创种类等。

为了解观众对展览的评价，山东博物馆开展了为期两周的展中满意度调查。调查围绕展览内容设计（包括展品特色、展览阐释、展品丰富程度、展览选题）、形式设计（艺术水平、展示手段、互动项目）、环境设计（照明、舒适度）、教育项目（讲解、教育活动）、文创这五个方面展开，在馆内对参观过该展览的观众进行随机调研。可以说，观众调研工作使展览真正做到以观众为中心。

二、服饰类展览配套教育活动策划既要探寻文化之根、历史之源，还要结合当下观众的需要

第一，要注重本土文化、民族文化的挖掘，最大程度地体现服饰文化的特殊性和展览内涵。服饰类主题展览有别于其他主题的展览，不论是作为中华民族整体，还是作为组成部分的各民族文化，服饰展览都能相较于别的主题在民族性上有更大和更深的体现。从全民族概念上看，有古代传统服饰展，如旗袍展、汉服展等，抓住展览核心价值，以社教活动去解读和深化展览的内涵，能够唤起观众对于源远流长的中华服饰文化的自豪感和民族自信心；从中华民族文化的组成部分来看，有苗族服饰展、白族服饰展、哈尼族服饰展等，为这些展览做好配套的社教活动，能够起到传承民族文化或非遗技艺，弘扬民族精神等目的。例如，中国丝绸博物馆从2017年至2021年举办过三个少数民族服饰主题特展，分别是壮族、苗族、哈尼族主题特展。其中，2021年的哈尼族服饰展介绍了哈尼族是一个没有文字的民族，整

个民族的历史都以纹样的形式书写在了他们的民族服饰上。深入挖掘这一文化符号，让观众加深对哈尼族的文化理解和印象是十分有帮助的。在开展当日，中国丝绸博物馆邀请了合作举办方——云南省博物馆的专家带来了"哈尼服饰中的历史印记"讲座，专门深入讲述了哈尼族的服饰文化特色。当晚博物馆还举办了主题活动"哈尼之夜"（图1）。身穿民族服饰的合作举办方——红河州博物馆的专家为观众分享了更多哈尼族的文化故事和社会生活。活动中的歌舞，像是哈尼棕扇舞、栽秧山歌、乐作舞，都是国家级非遗项目，在配套的"哈尼之夜"活动中都得到了展示。即使是现代服饰类展览，如时尚展，也同样可以通过社教活动的解读，帮助观众了解中国在时尚领域的进步和成就。

第二，要注重与当下需求相结合，反映社会的需要。应跟随时代的脚步，为传统注入新时代的元素，使之能够在一定程度上适应当下的市场需求，从而在人们的日常生活中获得一定的应用率，而"使用是最好的传承"。比如汉服的传承和推广。汉服是当下对中国传统服饰的统称，为弘扬和传承传统服饰文化，从2018年起至今，每

图1 "哈尼之夜"主题活动

年中国丝绸博物馆都推出一场"国丝汉服节",也是该博物馆的主要社教品牌之一。这一活动有一系列的组成部分,其中的配套服饰展和文物鉴赏,不但公开展示了十分珍贵的传统服饰文物,还提供给公众近距离观看文物并且听取专家分析古代服饰的机会。这一活动对于现今流行的汉服复刻、复原市场和产业,必然是有审美提升和价值引导的作用,通过这样的相互关系,传统服饰文化得以"活起来"了。

三、做好研究成果的转化,完善"研究—展览—教育"转化链

一个好的展览,离不开博物馆策展人员的研究,在扎实的研究基础上,策展人才能够准确地、有效地呈现展览所要表达的核心与内涵。因此,研究是展览的前提和基础,但教育是展览的目的。仅凭展览本身,经常无法令观众准确地捕获展览传达的意义,成功的社教活动就是辅助展览,并将研究成果转换成教育产品的最有效方式。不仅如此,成功的社教活动还是最好的宣传手段之一,能够很大程度上提升展览的知名度和影响力。

2019年,"梅里云裳:嘉兴王店明墓出土服饰中韩合作修复与复原成果展"在中国丝绸博物馆举办。作为纺织品文物保护国家文物局重点科研基地的落户单位,中国丝绸博物馆的纺织品修复保护水平一直处于比较领先的地位。博物馆不定期举办纺织品保护修复后的成果展,同时也展示纺织品修复的最新技术和文物修复背后不为人知的故事。"梅里云裳"展就是博物馆与韩国传统文化大学合作保护修复的明代服饰展览,其中一件出土衣物由中国丝绸博物馆和韩国传统文化大学合作修复。修复的同时,中韩双方又各自复原制作了一件袍服。此外,北京服装学院与中国丝绸博物馆另对墓中出土的几件袍服做了形制上的复原。有了以上特色展示内容,在本次展览的配套活动中,社教人员第一次策划并尝试根据出土服饰文物的形制来开发服饰主题的社教课程,根据展出的织金双鹤胸背曲水地团凤纹绸大袖衫和另外一件下装四季花蜂蝶绸裙,按比例缩小后依据原有的形制结构来进行打板制作,开发了"明代纸衣"女红课程(图2)。在课程中参与者首先会学习了解明代服饰的相关知识,然后在老师的指导下自己动手制作一套迷你明代衣裙。这一课程非常受欢迎,至今依然在对公众开放,对于推广传统服饰文化的作用是不言而喻的,更是将展览所承载的核心内涵持续地传承了下去(图3)。

图2　织金双鹤胸背曲水地团凤纹绸大袖衫复原件

图3　相关课程

四、加强教育活动的延伸，以多元化的形式提升总体教育效果

推出社教活动的最终目的是最大限度延伸展览的影响力，以展览文化活动回馈社会公众。目前常见的情况是社教活动偏向于同质化、单一性，在提升影响力方面表现一般。要做好多元化社教活动的策划和举办，首先教育人员内部应有"分众化"的体现。比如，从观众年龄层上划分，有专门针对少年儿童开展教育活动的科普教育人员；以社教活动类别划分，有专门设计各类研学活动、手工活动的专职人员等。其次，策划团队根据展览的体量和特色，要尽力推出包含讲座、研学、手工、其他科普活动与线上活动的系统化的社教项目菜单，或是以一两个重头社教项目为亮点，其他活动辅助"开花"的系列社教，以提高总的教育效果。

2017年9月8日~11月19日，"钱家衣橱：无锡七房桥明墓出土服饰保护修复"特展在中国丝绸博物馆举办。为体现博物馆举办展览的学术性，吸引考古、服饰等专业领域的观众和相关领域爱好者，博物馆在开展次日，就策划了学术性较强的主题讲座3场，无锡市文化遗产保护和考古研究所专家、中国丝绸博物馆文物保护和修复专家和北京服装学院教授等三位主讲人从考古、文物保护和服饰形制三个角度帮助观众解读展览。从普通公众的角度出发，也为了让观众们更直观地感受传统服饰的魅力以及了解明代社会礼仪风尚与习俗，博物馆与净莲满堂合作举办了"笄礼之夜"活动，通过笄礼还原了一个明代大家庭中15岁少女的成人礼，从仪式流程、服饰到道具都一一重现。这种故事性展示+现场解读的活动方式，十分符合普通观众的"口味"，有不少家长带领着女儿前来观礼，活动在向民众普及明代的服饰文化的同时也寓教于礼，让观众感悟传统的人文精神（图4）。

图4　笄礼之夜

图5　身着仿制服饰的讲解员

图6　亲子课程

服饰领域尤其适合开发手工主题的各类社教课程，社教人员根据专业性的区分、年龄层的划分，策划了明确的分众式课程。例如亲子类手工课程——迷你明代女装制作，在课程开始之前，讲解员身着仿制的明代服饰，仔细地为家长和小朋友解读展览中的袄、裤、裙、鞋、包袋、枕等明代服装和生活用品（图5）。博物馆邀请了净莲满堂文化院明代服装制作手艺人，为参加活动的亲子家庭讲课、指导（图6）。同期举办的"研习班：古今中外提花研习班"为期六天,邀请了中国丝绸博物馆女红传习馆特邀顾问张西美女士担任主讲老师。研习班是比较深度的集知识、传统女红和现代创新意识于一体的系列课程,一般为期5~7天,是女红传习馆的经典系列课程。主讲老师也充分利用了本次展览展品中的提花工艺元素,让学员们深入探讨。在该展的展期之内,社教活动形式多元,有的放矢,兼顾了博物馆观众的各个群体,也获得了比较好的教育和传播效果。

五、扩大社会合作,强化社区概念,寻求更多馆外支持力量

博物馆、研究所、高校等文博机构的合作,如借展、交流展等形式早已不足为奇,互邀馆方专家举办讲座也是常见的形式,但目前的发展趋势是尽可能寻求社会力量的协助,帮助博物馆取得更好的发展。

20世纪80年代起,国内吸收了国外的社区概念,逐步发展到"通过加强人与人的链接纽带,实现多元利益主体对公共问题的自发、共同参与,以实现公共空间、经济、社会环境的改善"[5],再到将其解读为"共同体"[6],这是跟随时代的发展和社会的要求所达到的"进化"。2019年的国际博物馆日主题更是明确提出"以社区为导向",因此,服饰类的展览要思考如何更加贴近"社区"的文化需要,如何比之前更加有效地在这一群体中增加文化认同感和凝聚力,为其提供一处可以维系文化身份认同与情结的学习、共建与分享的平台。在这点上,服饰类展览比一些历史文物主题展览反而要相对容易一些。例如,为举办"国丝汉服节"配合当年的传统服饰与文化展,中国丝绸博物馆邀请了许多专攻历代服饰复原与现代改良的汉服商家,在"汉服之夜"展示各自的传统服饰复刻风格,讲述创作的理念。次日的"银瀚论道"邀请了各行各业的学者以及汉服研究团体和个人从不同的角度切入,发表新见及研究心得。总体来说,这是为汉服同袍这一社区,提供知识共享和交流展示的平台,同时也与他们有了一定的合作,多方共同去构建这样一个盛大的活动(图7)。

图7 2021汉服之夜

另外，主动寻求和扩大与企业的合作也是博物馆这几年的发展特色。2022年2月，中国丝绸博物馆主动与杭州大厦联动，在杭州大厦开辟了一处"国丝·时尚博物馆"（图8）。博物馆走进主流商业空间在国际上并不是一个新鲜的话题。这也是创新办馆模式、深化文旅融合、弘扬服饰文化、服务广大民众的重要尝试，是浙江文物文化机构和杭州商贸商业的一次合作。但这一案例拥有许多个"第一"：这是国内第一家国有博物馆走进城市中心的商业空间，并举办长期特展；杭州大厦成为中国第一家长期引进国家级博物馆展览的大型商业空间；这是第一个时尚类空间中开办的时尚博物馆。在这一合作中，博物馆主动走向了"时尚"这一社区，展览作为主要的教育活动而开展，配合这一主体，博物馆又和浙江理工大学服装学院"联手"，策划了以"时尚教室"为题的系列活动，有讲座、有互动、有手工体验课等。

图8 "国丝·时尚博物馆"

结语

衣食住行，衣为首，人类文明中最重要的篇章之一便是服饰的历史和文化，一个国家、一个民族通过他们的服饰文明讲述自身从古至今的渊源与沉淀，办好服饰主题展、讲好服饰的历史故事，是博物馆回馈公众的文化服务不可缺少的内容之一。而研究、展览和教育是密不可分的，研究是展览的前提，教育是展览的目的，教育活动是拉近展览与公众的最主要方式。展教结合的效果直接影响了博物馆功能的呈现，决定了博物馆在社会公众中的影响力、口碑，决定了博物馆在赋能人民美好生活中所具备的力量。根据地域特色、依托博物馆自身资源、开拓合作和联动的思路，做好社教活动的策划，拓展博物馆和展览的受众群体，让博物馆的展览真正走进公众的生活区，如润物无声般地培育公众对美、对传统文化的主动认知和接纳的能力。

参考文献：

[1] Office of Policy and Analysis. Lessons for Tomorrow: A Study of Education at the Smithsonian [J]. Summary Report, 2009.

[2] 宋向光. 物与识：当代中国博物馆理论与实践辨析[M]. 北京：科学出版社，2009.

[3] 欧艳. 打造无边界共享平台——浅谈博物馆教育文化项目的策划[J]. 中国博物馆，2018（2）：117-121.

[4] 席丽，孙有德. 精准式服务"有的"式教育——"衣冠大成——明代服饰文化展"公众服务活动策划纪实[J]. 文物天地，2020（12）：41-44.

[5] 王思渝，王虹光. 社会性下博物馆职能的渗透与后退——以史家胡同博物馆为例[J]. 博物院，2019（5）：7.

[6] 尹凯. 社区（共同体）：博物馆研究中的关键议题[J]. 中国博物馆，2018（3）：6.

中国夏布服饰文化资源创意产业发展研究

刘　欢❶

摘要：自古以来，服饰在人们的日常生活中发挥着重要作用，同时也蕴含着丰厚的历史文化价值。从高贵的冕服到民间百姓的日常穿着，再到明清时期作为民间夏季的主要服饰，夏布服饰即用苎麻布制作的服饰，在古代国人的日常生活中有着悠久的历史和重要的地位。在飞速发展的今天，中国夏布服饰不再被作为主流服饰，主要分散在中国的各个博物馆当中。目前，与夏布服饰相关的研究极少，但其历史文化内涵经久不衰，可以随着时代的变化而发展。夏布服饰制作技艺包含了已知的三种工艺，即夏布织造技艺、夏布绣技艺与夏布印染，通过不同技艺的组合再加上"人的思想"这一不确定性因素，使夏布服饰能够呈现出多姿多彩的样貌。对夏布服饰采用实地调研、访谈、艺术人类学等研究方法，分析三种技艺在夏布服饰方面发挥的作用，以及如何将这些技艺转化为服饰，在转化为服饰资源的过程中还有哪些问题要解决，如何做成文化产业等方面作出分析，对当代中国夏布服饰传承和发展方面提出建设性意见。

关键词：夏布服饰；夏布；夏布绣；博物馆；文化创意产业

---

❶ 刘欢，北京服装学院博士研究生，研究方向为中国传统服饰文化。

引言

服饰不仅是一种物质文化的体现,更是历史、政治、经济、军事、文化诸因素融合的产物,通过服饰可以透视出各朝代不同的社会背景和社会状况,正如郭沫若先生所言:对古代服饰的研究"可以考见民族文化发展的轨迹"。"中国夏布服饰",顾名思义是以夏布这一服饰材质为标准进行划分的。夏布有古代纺织品"活化石"之誉,其由半脱胶苎麻纤维手工纺纱织造而成,因其夏季穿着透气排汗、凉爽宜人,故称"夏布"。

夏布服饰的发展历史悠久,有着"国纺源头,万年衣祖"之称,我国目前考古发现年代最久远的麻织品成衣是河南三门峡上村岭虢国墓葬出土的西周(前1046—前771年)时期的麻质合裆裤,也是我国出土年代最早的裤装。但中国夏布服饰在近一百年以来貌似消失在了人们的日常生活当中,且分散在我国各个博物馆不起眼的角落中。早在2018年的政府工作报告中就已经指出要"加强文物保护利用、加强非物质文化遗产保护传承",研究、创新发展中国夏布服饰能够为人们提供新的生活审美范式,为大众了解中国传统夏布服饰文化提供有效途径,还能够进一步扩展中式服装的内涵。

宋应星在《天工开物》中曾提出"制随时变"这一观点,说明了服装是需要被设计和发展的,而只有对民众现实生活有意义的服装才能在当今时代获得立足之地。为了能够更好地传承和发展中国夏布服饰,我将从夏布服饰的布料——夏布,以及夏布服饰的装饰方法——夏布绣和夏布蓝染技艺来进一步探讨,并以湖南省博物院、长沙市博物馆以及江西省夏布绣博物馆为案例,力图将博物馆文化资源转向创意产业发展的思路。

一、中国夏布服饰技艺要素

夏布服饰在我国有悠久的历史,它既是上层阶级服用的高级面料,同时又因为夏布服饰原料的易获得性使得其又广泛应用于汉族民间地区及少数民族地区。东汉时期,人们对夏布服装有"色如银袍以光躯"的美誉[1],如1970年湖南省长沙市马王堆汉墓出土的素纱襌衣,其领、袖部分均为精细苎麻织物。据考证,湖北江陵凤凰山168号汉墓出土的麻衣裙、夹袜、麻鞋是我国最早、最为完整的成套麻织衣物。因新疆是丝绸之路的要冲,据了解,唐代麻纺织业的实物留存多集中于西北地区,特别是新疆地区，大量的有机质文化遗存在干燥的气候环境下得以完好保存，使得新疆维吾尔自治区成为中国乃至世界出土纺织文物最多的地区之一，新疆维吾尔自治区博物馆馆藏纺织品文物占了中国古代纺织品文物数量的一半以上。元代以后，各地考古出土的夏布服饰较其他朝代为多，如笔者在湖南省博物院、山东孔府等地均有发现以夏布为材料制作而成的服饰（图1、图2）。

图1　元代，细白麻男长衫❶

图2　汉代，素纱襌衣❷

❶ 现藏于湖南省博物院，长114厘米，高150厘米，袖宽33厘米（图片由笔者拍摄）。
❷ 国家一级文物，现藏于湖南省博物院（图片由笔者拍摄）。

（一）夏布发展历史及资源转化

苎麻被称为"中国草"，是中国古代最有中国特色的纺织原料之一，用其织成的夏布既是宝贵的物质文化遗产，又是古代劳动人民智慧的结晶。苎麻织造夏布自周代就有文字记载，目前相关的研究仍处于初级阶段，仍需要从多方面去搜集资料，来对夏布服饰的发展做历史分期，详细梳理夏布服饰的发展脉络及文化内涵。

夏布作为中国古代服饰的上乘面料堪比丝绸，在唐宋时期被选为贡品。明、清时期尽管受到棉布的冲击，但是却打开了国外市场，远销朝鲜、南洋各埠，同时在明代时还拥有了"夏布"这一专有名词。江西万载、湖南浏阳、四川隆昌、重庆荣昌这四大片区，凭借悠久的织造历史、独特的浆漂工艺、安定的政治环境，迅速形成苎布集散地并崛起。近代以来，战争、关税、新纺织材料的冲击等因素导致夏布在中国消失了将近一百年的时间。当今的夏布生产活力远不如从目前，国内几乎不再有市场，更多的是远销日本、韩国等国家。我国西南地区的少数民族仍自给自足，自己织造夏布来作为日常生活中的服饰衣料，虽然其服饰精致程度与古代中国上层阶级服饰相比相去甚远，但这种技艺是活态的，与部分少数民族族群的生产生活状况息息相关，但人们对其关注甚少。一旦他们拥有了丝、棉等织物，麻织物则有极大被舍弃的可能性，很多少数民族地区开始逐渐减少了对粗糙夏布的使用。

与中国相反，近代以来，日本、韩国的夏布服饰传统被较好地传承、发展下来，直至今日，由夏布制作而成的和服、家居用品在日本、韩国的日常生活和节庆娱乐活动当中仍占有较大比重。20世纪90年代以来，中国江西、川渝、湖南等几个主要产区所产夏布总量的90%作为坯布出口到日本、韩国，还有一部分出口到欧洲、美国。可以说，日、韩市场对中国夏布行业的发展影响巨大。好在近二十年来，我国十分重视非物质文化遗产的传承与发展，在2008年江西万载与重庆荣昌的夏布织造技艺被列入"第二批国家级非物质文化遗产保护项目名录"，得到了一定程度的保护，但是仅凭国家扶持是不够的，夏布制作技艺的传承与发展仍面临着传承人老龄化、从业人群逐年缩减、掌握核心技艺的艺人越来越少等问题，如果不将传统工艺带入日常生活中，不直接产生持续的购买力和消费力，夏布织造技艺是很难再继续传承和发展的。在社会上形成一个良性的"文化生态"和完整的文化产业链对于夏布织造技艺的传承发展至关重要。

现今很多个体商户、设计师以及学者都在探寻、创造夏布的"使用"场景。2013 年由易洪波在北京创建的"夏木"品牌与面料工作室十分具有代表性。夏木以面料供应的方式与设计师品牌合作，起初以同知名设计师合作设计服装为主，但由于夏布布幅窄（最宽为 90 厘米）、粗糙生硬、有透明感，且成本高，与同一品牌合作往往只有一次，合作的目的是提升品牌的形象而非丰富产品线带来的消费价值。且夏布在服装转化上囿于筒裙、汗衫之类的简单款式[2]，颜色多以麻的原色为主，装饰性较少。可见夏布在国内服饰的应用上并不理想。随后他同国内"一秋棠夏布坊""闲云夏布"一起以夏布为创意源进行文化产业转型，将夏布向布艺生活用品方向延伸，开发出抱枕、茶杯垫、帽子、包包等颇具设计感的作品，但由于人们对夏布的了解很少、文创产品缺乏创新，其效果并不理想。

除了"夏木"这一品牌外，笔者通过前往湖南长沙进行田野调查发现，由于浏阳有着得天独厚的制作夏布自然环境优势和久远的历史文化底蕴，长沙市博物馆与湖南省博物院均设有将近 20 平方米的夏布文创产品展区，该展区产品由浏阳心之夏文化创意有限公司提供。该公司创建于 2014 年 9 月，主要产品有浏阳夏布包具、家装饰物用品、茶艺用具、夏布服饰、夏布工艺品等八大系列 160 余款创意产品，品类丰富。长沙市博物馆与湖南省博物院的夏布文创产品以夏布包为主（图 3、图 4），包包都较为现代，价格在 200～600 元，其中并未有服饰售卖。笔者通过调研了解到，该公司在浏阳产业园等其他销售点有售卖，形制单一但接受定制。夏布文创产品能在博物馆进行展销说明了其在湖南地区有一定的影响力，群众接受程度也较广，但在某种程度上来说，其文创产品与博物馆中的文物的融合还未十分完善，如没有复古类的服饰，

图 3　湖南省博物院文创区 ❶　　　　图 4　长沙市博物馆文创区 ❶

❶ 图片由笔者拍摄。

服饰产品品类较少、创新性不高，致使文化资源转化利用率较低的现象出现。

除了综合类的博物馆外，王少农和陈燕还在重庆荣昌开设了中国夏布博物馆❶（图5），博物馆系统地介绍了荣昌夏布的历史、文化以及制作工艺等，随着荣昌夏布被申报为国家非物质文化遗产，荣昌夏布的制作也更加规范化、规模化、国际化，当地的艺人们尝试着将其用作包袋、家居饰品、团扇等物品的原料，甚至在一些国际高端品牌的服饰上以及一些国际服装展上（图6），也能经常看到荣昌夏布的身影，但系统的夏布文创产品与文化品牌还处于初步发展阶段。

图5 中国夏布博物馆　　　　　　　　　　　图6 荣昌夏布艺人与服装设计师的合作

（二）夏布装饰技艺

1.夏布绣

刺绣是中国传统服饰的重要装饰手段，刺绣技法众多，同时又具有地域性，最具代表性的是苏绣、湘绣、粤绣、蜀绣四大名绣，夏布绣是唯一以绣地而命名的刺绣，尽管"夏布绣"这一称谓持续的时间还很短，但是这一工艺已有上千年的历史。现今的夏布绣技艺作为国家级非物质文化遗产已成为江西省的文化名片，张小红在2014年成为了该项目的国家级代表性传承人，建立了夏布绣私人博物馆，于2022年8月被评选为中国工艺美术大师。她在传承民间绣法的基础上改良了夏布（手工制作夏布，使其经线、纬线的密度更大），创新了针法（如通透乱针、芝麻针等），开创了以原色

---

❶ 中国夏布文化艺术博物馆由夏布国画创始人、中国国画夏布发明人王少农教授和四川内江籍企业家陈燕共同发起。

夏布为绣地，以丝线刺绣中国传统山水、人物、花鸟题材的艺术刺绣模式，作品以大幅刺绣艺术精品为主。她还去四川等地进行刺绣教学，对这些地区的刺绣风格产生了影响。而夏布之所以是本色的且十分受人欢迎，原因是其颜色与古纸颜色十分相近，并且与中式审美文化复兴的浪潮相关，同时也代表着对自然的亲近与返璞归真。然而如前所述，夏布本身就是手工织造的，再加上手工刺绣，其成本与价格自然会更高。

当夏布绣在 2014 年开始转型，在文创开发及销售方面遇到了很多难题，如产品的研发、知识产权的保护、品牌的打造等，其产品主要以包包品类为主。其文创产品的文化源头有两个，一个是以夏布绣博物馆中的上千件藏品为创作源泉，一个是以古画为创作源泉，后者最多，目前依据前者衍生出的文创产品仅限于名片夹和个别包包（图7、图8）。直到 2021 年，张小红和其儿媳吴婉菁等人开发出由机器印染的夏布铅笔袋后，夏布绣文创发展之路就开阔了很多，但目前相关墨染类产品只有这一款，未再继续创新。由于成本等原因，夏布绣也未曾应用到服装上。夏布绣淘宝店铺自 2019 年开店后在维持了 3 年后于 2022 年初关闭，其重心开始完全放在大型工艺展览当中，通过在行业内部的展览会进行售卖来发展该文化产业链条。因此，笔者认为基于夏布绣博物馆这一文化资源进行创意产业发展研究是十分必要的，在挖掘文化资源的基础上引进各方面人才，打造优质"夏绣"品牌，做好宣传推广，尝试"夏布绣+"和"B to B"❷的产业融合模式，尤其是要关注"服饰"这一夏布绣最早依托的载体进行资源转化，如可以与服装公司合作，仅绣制衣服上的某个部件即可，还可同时与多家公司合作。

图7　江西民间云肩❶

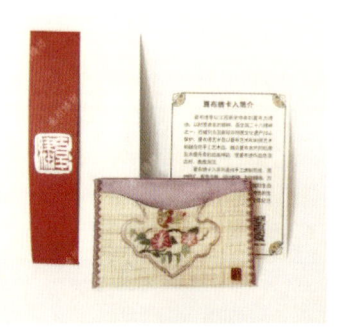

图8　"凤穿牡丹"家具名片夹

---

❶ 现藏于江西新余夏布绣博物馆（图片由笔者拍摄）。
❷ B to B, Busines to Busines（企业到企业），即B2B，B2B是企业与企业之间通过互联网进行产品、服务及信息的交换。通过B2B的交易方式买卖双方能够在网络上完成整个业务流程，从建立最初印象，到货比三家，再到讨价还价、签单和交货，最后到客户服务。B2B使企业之间的交易减少许多事务性的工作流程和管理费用，降低了企业经营成本。

2. 夏布印染

夏布印染为蓝印花工艺，以夏布为底，以蓝底白花或白底蓝花为呈现形式。该工艺有着悠久的历史，如考古学家在江西省贵溪龙虎山崖墓中发现了距今2600年的、最早的苎麻印花布。夏布染蓝（青）色多采用蓝草中提取的靛蓝染色，根据上染率的差异而得到青、蓝色的差异。民国时期，河北《磁县县志》中记载："昔时男女制衣多用粗布，靛蓝染色……男女贫者，只著短衣，富者除短衣外，夏有大衫，冬又有大袍、马褂。昔亦全为蓝色，近则夏多白色，冬多青色。"[3]蓝（青）、黑、白（麻）三色的印染夏布，有着悠久的历史，其中既有美化衣物的心理之需，又有就地取材之便，是人们的首选。

现今的蓝染工艺多流传于少数民族地区，包括江南、西南地区的少数民族都有服用蓝色夏布的习惯，这与当地盛产适合染色的蓝靛不无关系。蓝靛不但可以作为染料，其还具有药用属性，可用于温毒、发斑、血热吐衄、胸痛咳血等，但是由于植物染耗时较长，江西畲族夏布服饰大多为青蓝色系，而棉布服饰的色彩则有大红、杏黄、紫色等[4]，可见蓝染夏布在某种程度上是具备专属性的，即在夏天穿着蓝染的夏布衫。

笔者通过实地调研了解到湖南省江华瑶族县白芒营的平地瑶有一项晒蓝服饰制作技艺。我们采访了当地的非遗传承人黄桂英和她的丈夫，二人经营了一家裁缝店，已经有几十年了，二人既制作改良服饰也制作传统服饰。其中平地瑶的蓝染服饰在当代人看来现代感十足，经询问了解到，该技艺名为"晒蓝工艺"，他们先将布料染成晒制成深蓝色，然后将布制成服饰，但在未完全将服饰缝合完整的情况下，将服饰进行简单但又构思巧妙的折叠后，在夏天太阳充足且通风的地方晒制，晒制过程中还要在衣服上不间断洒水，在衣服的下面铺上晒干的草，以使得衣服的颜色能够通过水与稻草的连接而更快消散，总过程需要花费至少一周时间，这样晒制出的服饰十分符合当代人审美（图9、图10）。

图9　白芒营平地瑶女上衣晒蓝形态❶　　图10　白芒营平地瑶女上衣正面❶

❶ 湖南省江华县白芒营镇平地瑶服饰（图片由笔者拍摄）。

相较于在夏布上刺绣来说，在夏布上印染的成本相对较低。在对湖南省江华瑶族县白芒营镇平地瑶的晒蓝这一服饰制作技艺做了深度调研后，了解到很多传统在当今看来是时尚的，是中华各民族的宝贵资源，但是这些文化资源大多都没有被放置在更高的平台上，未能展现在广大民众面前。我国是一个多民族的国家，很多民族文化都面临着消亡，亟须广大民众将民族文化重视起来，亟须专家学者深挖民族文化，需要社会各界对民族文化资源做经济赋能的转化。而研究中国夏布服饰，需要汲取我国各民族的服饰文化内涵，学习多种与服饰相关的制作技艺，创新出新的能够被更多人所接受的、可穿着的、优质的服饰，是以夏布这一服饰面料为基础创新所必需的。

二、当代夏布服饰传承与发展策略

夏布织造技艺、夏布绣、蓝染工艺在我国的非遗保护方面都受到了一定程度的重视。然而这些技艺的传承和发展在历史上其实是离不开夏布服饰这一完整呈现方式的，目前在这些手工技艺之中都未有发展出较为成熟的夏布服饰文化产品，因此对夏布服饰进行清晰的品类定位，有助于进一步发展中国夏布服饰。

夏布服饰作为服饰首先有着一定的功用性，将夏布用作夏天的服饰可具有吸汗、杀菌的功效。然而在我国，由于脱胶技术的不成熟导致夏布服饰的穿着舒适度不高，在此需要国内的材料技术人才去进一步探索，当然现今包括"闲云夏布"、张小红用做绣底的夏布以及东华大学、武汉纺织大学等高校研制出的夏布已经达到使其穿着舒适的程度，但价格高昂，因此需要高新技术参与其中以提升服用度、降低成本、扩大受众。夏布服饰无论原色还是蓝黑白，都给人传达出自然质朴的美感，它可以是复古的，也可以是时尚的。

（一）作为汉服的夏布服饰

汉服运动是在21世纪初的互联网上兴起的，其中有复古派、改良派以及具有本质主义纯粹性的汉服复兴派，很多汉服爱好者开始动手自己制作汉服，穿汉服上街，在重要节日穿着汉服开展成人礼、集会、游春等活动，很多汉服店铺、汉服活动如雨后春笋般蔚然兴起，汉服在这场中式生活方式回归的道路上为人们的日常生活增添了色彩，也增强了人们的文化认同，作出了有益的实践[5]。而中国夏布服饰除少数民族地区服饰外，也可以被称为是汉服中的一个品类。如山东孔府旧藏有明代的色夏布单衫，湖南、新疆等地均发现了汉族的夏布服饰。目前对中国夏布服饰形制、图案、年代的研究极少，仍需要更多学者从多方面去搜集资料，来对夏布服饰的发展做历史分期，详细梳理夏布服饰的发展脉络及文化内涵，为夏布服饰在汉服方面的发展奠定理论基础，以扩大汉服中夏布品类的受众群体。

（二）夏布服饰的时尚可塑性

夏布服饰由于其材质的独特性，以及日韩的大力推广与发展在国际上享有盛誉，而想要大力发展中国夏布服饰，则需要开创设计风格有中国特色的服饰。2013年，"夏木"与"消化"和"没边"这两个独立服饰品牌一起合作给人以十分新颖的印象[6]。三宅一生的Pleats Please系列褶皱面料十分具有特点，这种制法是先剪裁出比正常尺寸大的衣料，通过机器打褶、加热让原本二维的面料立体起来，沿袭了日本服装与身体间"留白"的传统。与西方时装"雕塑"出理想的线条的逻辑不同，三宅一生是用折叠、伸展的平面结构手法减少剪裁，最大限度地解除服装对身体的束缚，其本质是源于传统服饰制作工艺的。在笔者看来，很多传统的事物在当今时代看起来也是非常时尚的，如前文中我们所提到的湖南江华瑶族的晒蓝工艺可在夏布服饰上进行尝试应用。中国传统文化博大精深，很多都蕴藏在我国的传统技艺当中，关于我国夏布服饰的时尚设计皆可从中汲取灵感。

三、结语

中国历史上所保留的夏布服饰作为重要的文物，其制作技艺作为重要的非物质文化遗产，承载着几千年来古代中国的服装艺术文化和民族情感，无论是精湛的制作工艺还是寓意丰富的造型设计，都充分彰显出中华民族的非凡智慧和创造潜力。关于中国夏布服饰的创新发展应当跟随时代，加大非遗传播普及力度是国家对作为非遗的夏布织造技艺、夏布绣、蓝染工艺正在做的工作，保护好核心技艺至关重要。同时还要做好服饰制作技艺、材质、形制等方面的理论研究工作，定位中国夏布服饰的品类和发展方向、发展新技术、进行良性的IP授权合作，只有这样才能打造健康的夏布服饰的经济、文化生态圈等，这对中国夏布服饰的历史文化保护、传承和创新，丰富中式服装的形式和文化内涵，繁荣文化市场体系，为文化旅游供给精品，都具有一定的现实意义。

参考文献：

[1] 王悦，王启迪，何酉.传统夏布制纱工艺保护与传承——以日本昭和村苎麻文化生态建设为例[J].服装设计师，2022（9）：96-102.

[2] 廖江波，尹小勇.民艺转化的现代性：基于闲云夏布的案例[J].装饰，2021（9）：116-119.

[3] 崔荣荣，牛犁.明代以来汉族民间服饰变革与社会变迁（1368—1949年）[M].武汉：武汉理工大学出版社，2016.

[4] 廖江波.夏布源流及其工艺与布艺研究[D].上海：东华大学，2018.

[5] 周星.百年衣装：中式服装的谱系与汉服运动[M].北京：商务印书馆，2019.

[6] 陈荟洁，赵毅平."夏木"：探索传统夏布在当代的可能性[J].装饰，2019（3）：58-63.

跨界办展，博物馆服饰展览研究
——"见服知官，识饰知品"明代官服文化展活动设计探讨

张倩红❶

摘要： 明代官服在礼制规范下集中国传统服饰文化之精髓。博物馆深挖明代官服文化及其时代价值，运用跨界思维，联手服装设计师共商一场兼具学术与时尚的"见服知官，识饰知品"明代官服文化展。此次展览以服饰展示、场景体验、服装设计的混合形态亮相，让公众在古今对话中共享服饰魅力，创新设计灵感，以期为服饰展览研究提供借鉴。博物馆运用新技术、新手段、新形式探索传统文化的创新表达，进一步激活古代服饰文化，使其更好地服务于公众的美好生活，在吐故纳新中传播与更新。

关键词： 博物馆；服饰展览；明代官服；服装设计

中国服饰文化源远流长、博大精深，是人们日常生活的重要组成部分。而服饰形制集中体现了服饰文化的多姿多彩，它深受时代影响，随社会发展而不断演变。博物馆是服饰及其文化的保存者和记录者，以弘扬和传播中华优秀传统文化为己任，以策划有深度、有温度的展览为文化传播载体来开展服饰展览研究工作，以此搭建与公众平等交流的桥梁来传递服饰文化魅力。通过展览活动的创新表达，使公众与服饰在博物馆里相遇、相知、相融，览古鉴今，推动服饰文化服务于公众美好生活。

---

❶ 张倩红，桐乡市博物馆助理馆员，研究方向为博物馆学和文化遗产保护利用研究。

一、博物馆策展的优势

（一）办馆理念

随着社会的进步与文化的发展，博物馆的办馆理念不断更新，运营方式也在与时俱进，对自身发展提出了更高的要求。为满足公众多元文化需求，尽其所能上演十八般武艺，实施了许多文化惠民实事工程。这样的理念转换促使博物馆自发地从参观者视角去考虑如何策划更有吸引力的展览，如何使观众的观展体验变得更加完美。这一系列"以人为本"的践行是支撑博物馆在服务社会主义精神文明建设道路上越走越稳、越走越远的强有力的群众基础。正因为这样的角色定位，使得博物馆在文化层面上有能力、有信心、有格局地成为推动社会变迁与发展的有效力量。

（二）学术支撑

博物馆是集征集、收藏、保管、研究、陈列、展示功能于一体的文化阵地，拥有得天独厚的社教环境和无比丰富的文化资源。博物馆的研究机构属性决定了其对藏品的诠释必须保有最大程度的客观与权威，博物馆人以此为基础规范管理藏品和科学策划展览，在日积月累的工作实践中形成了一套适合自身的条理性强、逻辑严谨的学术体系，构成了严密的研究路线和扎实的学术背景。中国服饰文化博大精深，研究策划服饰展览倘若缺乏缜密的思维和清晰的策展思路，势必会对服饰的认知、发展及传承等方面的解读造成偏差，从而影响整个展览定位和展线设计。因此，强大的学术支撑是构成精品展览的先决要素，也是整个展览生命线缺一不可的元素。博物馆紧抓这条生命线，牵头多方科研机构，联系相关学者，为展览源源不断地输送养料，优化展览活动设计，架构起本文明代官服文化展览的基本框架。

（三）社教职能

作为文化传播机构，博物馆的教育影响力在新时代文化大繁荣、大发展背景下日益凸显，其中社教职能在加快构建公共文化服务体系中起到了十分重要的推动作用。

博物馆始终坚持以公众文化需求为导向，充分发挥社教职能，依托展览及其配套活动，提供以展览导赏、公益讲座、图录出版、文创开发、研学旅行等为主的文化服务，包括在主场举办的各种展览、论坛和研修班，以及在世界各地线下线上一同举办的联动和互动项目。这一系列展览和活动包括核心展、配套展、报告或讲座，公众号发布、多媒体传播等[1]。将馆藏精品通过展览活动媒介把人对历史、美学探求的天性推向更高，以此加强博物馆与公众的紧密联系，拉近文物与公众的距离，打造亲民的社教品牌，形成深远的文化影响力和成熟的宣教体系，把优质文化送到更多的群众身边。

二、博物馆跨界策展的必要性

（一）传统展览的弊端

首先，传统意义上的陈列展示一般以物为主，让静态陈列的物品通过策展人的组合分布对公众进行直观的教育，输出方式较为单调乏味，波澜不惊的叙事方式难以吸引观众驻足观看。其次，先入为主的策展思想，迫使展览宣传手段较为被动，直接影响观众的接受程度，忽略了启迪观众的导览作用。最后，博物馆的展览内容主要以举办各类文物展为主，单纯的文物展，缺少文物当代性的表达和融入现代生活的设计，这样就难以架起人与物沟通的桥梁。如何在博物馆演绎多种异质文化的交融共生场景，跨界办展不失为一种可考虑的展览形式，跨学科交叉运用的思维为文物和展品铸魂，推动传统展览蝶变升级。

（二）跨界策展的优势

尝试运用跨界策展思维，借物、借人，辅以数字技术，让文物连接历史，通过古今、东西、时空多维度等对话形式，创造多向交流渠道，给历史一种更贴近现实的解读方式。这种跨越时空的展览在国内的博物馆界是近两年才开始出现的新的策展思路，为探索博物馆展览的未来，提供了更多的可能性[2]，它的优势也显而易见。

第一，拉近观众与展览的距离。一个理想的观展体验是普通观众能流畅地与策展人、其他观众和展品对话，在此过程中调和认知信息并将其消化为自身学识储备。跨界策展就能帮助观众融入展览,置身其中享受交叉学科在时空碰撞中所带来的知识冲击力和新奇的观展体验,在人与物的多向交流中以亲民易懂的展示方式和灵活多变的展示手段创造和谐的对话模式。以博物馆服饰展览为例,通过策展人的展览解说、展示空间的完整叙述和观众身临其境的体验,增强服饰历史穿透力和服饰文化认同感。正如同意大利那不勒斯美术学院安娜丽莎·恰拉梅拉(Annalisa Charamera)教授所言:藏品并不应该仅仅被"穿戴"在人体模型上,而需在多个平面上,相互交错地被分散开来——以一种"亲切"的方法试图还原马西莫在其作品中表现出的"功能之美"[3]。连续不断的场景塑造,分散却有序可循的展品陈列,在观展中可以有意识地为观众增加时空代入感,减少初次观展的疏离感,加深观展体验,延长展览时效。就如寻找同一主题不同文化下的展品,或者寻找同一时期不同地区的展品并置对话,抑或是用当代的语境解读主题或介入主题,都可以很好地使观众相较于传统展览接收到更多的信息,使得展览变得更加亲切[2]。运用跨界思维重构语境述展,精准对接公众身心发展所需,把更多的观众引流到博物馆来接受文化熏陶和美学教育。

第二,激发观众的开放性思维。朱迪斯·克拉克(Judith Clark)曾在她的独立艺术空间中尝试展示一条没有任何解说的亚历山大·麦昆(Alexander McQueen)的裙子,她邀请观众随意写下感受,最终将文字作为展品展出[4]。鼓励观众在展览现场随时写下观展体验,方便策展人及时汲取公众智慧,为展览输送新鲜血液。这种鼓励方式,使观众参观展览成为一种双向的极具意义的交流行为,既带着思考和启发去欣赏展览,又为展览的精彩呈现和创新表达出谋划策,可谓一举两得。

第三,推动展览价值最大化。在博物馆对自身发展要求的不断提高下以及社会公众对展览的进一步期待下,现今博物馆主动与公众建立平等开放对话的意识不断增强,把观众的情感、认知、社交需求、审美享受摆在展览策划首位。引领观众与展览同情共鸣,碰撞出新的思维火花,感悟生命的真谛和生活的美好。精良制作、充满趣味性、令人愉悦性的展览可以带给观众积极的观展意愿,使其主动到博物馆打卡,享受与众不同的学习欣赏体验。比如更多的带有"奢侈"光环的时尚品牌位于消费行为的顶端,所以时尚展通常可以吸引到大量观众,特别是年轻群体和女性群体——而他们中的一部分人并不属于博物馆常规观众[5]。这就需要通过跨界策展去吸引他们,将他们引流到博物馆里感受不一样的时尚大展。在展览中,文物不是一件展品,而是通过艺术家之手的包装,作为一个部件或元素,成为新的赋予当代性的作品[2]。因为跨界办展使不同时空与主体的对话升华了展览主旨，产生了更多的包容与信任，拔高了展览立意，丰满了展览内容。又促使展览形式的创新，从而扩大文物展示的边界与宣传对话的途径，显著提升文化传播力，把展览表达推向新的高峰。

三、"见服知官，识饰知品"明代官服文化展活动设计方案

（一）展览对象

历朝历代的官服形制集百家之长，工艺精湛、庄严肃穆中不失秀美典雅，体现了当时服装的最高水平，对研究服饰的时代特征具有重要的参考价值。集礼仪文化与服饰文化于一身的明代官服，具有规制严格、尊孔崇儒、彰显礼乐、礼服繁缛的特点。虽然它只是朝代更迭的服饰产物，却折射出严格的官阶意识和精湛的服饰工艺，呈现出明朝礼制下的威严秀美，集中体现了传统服饰文化的精髓，是当时的服装代表，更是社会转型和文化发展的时代缩影。

（二）展览主题

在群星璀璨的历史长河中，儒家文化无疑是最光彩夺目的一颗启明星，既为统治者治国理政指明了方向，也深刻影响着日常生活中人们的衣食住行。儒家礼制思想严格规范着中国传统服饰的形制，分级穿衣，以显身份。而这种品秩有别的特征在明朝官服上表现得尤为突出，尤其是补子的出现加深了尊卑有序的等级规制。鉴于此，为彰显明代官服特征和时代烙印，策划一场"见服知官，识饰知品"的明代官服文化主题展。

（三）策展思路

策展人的策展思想承担着知识传递、公共教育、推动艺术发展以及社会创新的作用[6]。这就要求策展团队在策划展览时必须运用发散思维去阐释展览文化及其表达途径，以此来延续展览的时效性和拓展展览的时代价值，最终以亲民的方式引导观众有效参与教育活动，实现文化交流目标。

服饰是人的生活必需品，最能反映人的志趣、贫富和身份[7]。而官服是最能显现身份高低的一类服装，被赋予强烈的政治色彩，在封建统治的威严下逐渐化身为礼仪和教化的工具，体现了尊卑有别的特点。在明确了展览对象及其文化特征之后，策展团队首要考虑的问题是如何通过时代语境的转化去解读、呈现明代官服艺术魅力，使其赋能美好生活，增添生活里的文艺气息，从而推动古代服饰文化的创造性转换。策展人将针对某个领域提出学术命题，通过展示对象来表达策展思想，对广泛的社会问题、艺术概念、跨界关系，用视觉化的展示来讨论某个主题[8]。显然，每一次的策展好比一项创新实验，在跨界融合办展的思维碰撞下点亮全新的展览主题和展示方式。此次展览围绕明代官服文化及其时代价值这个主题来策划，分为三个部分，即"以礼服人""见衣识人""明风靓人"。策展人围绕明代官服的形与美，应用数字技术和多媒体技术，助力服饰及其穿着场景的鲜活呈现，同时引入服装设计手稿、样衣展示、自我创作等环节，让展览充满浓郁的现代生活气息。这一系列创意举措创造了物品与物品、人与人、物品与人之间的多维对话，以服饰展览、互动体验、服装设计的新形态混合亮相，打造文物数字化展示、沉浸式互动体验、漫画新品研发设计、推出系列文创产品，让明代服饰文化通过多维表达与时代接轨，融入现代生活。

（四）展览文本

1. 前言

一个王朝，一类官服。朝代更替，形制变化。透过层层织料，针针线脚，展示了当朝繁复奢华、精致端庄的服饰文化，映射出统治阶级施行的治国策略和宣扬的礼仪教化。

明朝作为一个皇权高度集中的朝代，统治阶级严格规范着本朝官服的制定与式样。明代官服"上承周汉，下取唐宋"，文官用禽，武官用兽，符号鲜明，以示差别。在明代官服的演变规范中，我们看到了明朝对礼教的崇尚，对美学的追求，对服饰治国的重视。明代官服作为当时发达的纺织业创造的艺术品，为严肃的官场生活增添了一抹亮色，让我们跟随时光流转，去切身感受不同场景不同式样的官服形态，那里有着道不完说不尽的服饰故事。

本次展览共分为"以礼服人""见衣识人""明风靓人"三个单元，来讲述明代官服的前世今生。前两个单元从礼仪、纹饰、形制等不同角度出发，系统阐释明代官服的演变形制和文化内涵。第三单元引入服装设计体验展示形态，取明代官服文化之精髓，融入现代服饰设计创作，引领观众在古今对话中感知服饰文化生趣，共享服饰与生活魅力。

2. 第一单元 以礼服人

官服形态的演变与发展离不开统治观念和礼仪教化的影响，儒家礼制思想严格规范着中国传统服饰的形制，这在官服身上体现得尤为明显。明代对服饰制度的重视前所未有，几经易稿直到洪武二十六年（1393年），才最终确定明代官服的基本定制。

明代官服形制主要修订过程如下：

（1）明太祖洪武元年（1368年），学士陶安请制定冕服。朱元璋鉴于局势尚未安定，指示礼服不可过繁，祭天地、宗庙只需戴通天冠，穿纱袍。一品至五品官服紫，六、七品服绯[9]。

（2）官服制度初步形成于洪武三年（1370年），服色尚赤，对文武百官上朝办公、参加节庆大典时所穿官服都有明确规定，主要以服色、冠梁、绶带的差异来区分官员品级。

（3）洪武二十三年（1390年），以详细的尺寸对文武官员常服上的白领、袖子的长度作了明确的规定。

（4）洪武二十四年（1391年），制定补子制度[10]。

（5）洪武二十六年（1393年），最终明确了各类官服标准，直到明后期都未有变动，至此明朝官服制度全面形成。

从官服制度的发展变迁可窥明代官服在礼制规范下，突出了品秩有别、上下有等的特点。一是通过设色分级来区分官级。绯袍（红色）用于一品至四品官服；青袍用于五品至七品官服；绿袍用于八品至九品官服。明代官服废除紫色而不用，究其原因主要是明朝皇帝姓朱，遂明朝以朱为正色，又因《论语·阳货》中有"恶紫之夺朱"[11]。因此，明朝官服不见紫色，以红色表示最高官吏的官服色彩，严格按照品级用色。二是设置补子制度，辨明官阶身份。该制度的创立把身份的象征摆在了前胸后背的补子图案上，透过官服更加直观地昭示官员的政治地位。三是虽然明代官服制度严格，但是官员都享有官服的自制权。四是按照规定，下级官员不得越上穿高级官服。往往文官都能遵守以上制度，但武官则不以为意，往往爱穿公、侯、伯及一品官服。随着物欲的释放，明代中后期服饰的逾礼越制性特征越加明显，正德以后这种服饰礼制的僭越性表现为失序与紊乱、奢侈与炫耀、吉祥与华美[12]。五是明文规定品官常服既不许用玄、黄、紫三色染料，也不许织绣龙凤纹样，官服布料也只能选用杂色印染丝织面料。

展示方式：按照明代官服形制修订的主要过程来设计展线，通过时间轴串联起明代官服演变形态与时代特征。根据展览需求，以藏品、复制品、数字文物的多元展示方式为观众直观呈现服饰面料、色彩、纹饰与款式等方面的艺术造诣，有效促进他们对明代官服的服饰成就和官品秩序的了解和认知。此外，在现场放置留言本并开通网上留言区，邀请观众补充官服形制修订内容，以此进一步充实展板信息，同时为了展览陈述的科学与严谨，鼓励观众在留言中备注内容出处。

3. 第二单元 见衣识人

（1）见服知官

按照不同的礼仪场景，依次着重介绍朝服、公服、常服、祭服等官服类别。

朝服：顾名思义为官员参加重要朝会时所穿的服饰。一律统一为红色，穿袍衫、戴梁冠、着云头履，以冠梁、革带、佩绶、笏板的配饰差异来区别官品高下。

公服：是官员面见皇帝时所穿的制服。每位官员在服色、纹饰、腰带等细节处各依品从，其中分级纹饰只以花径大小来区别官吏等级，突出以花别品的功能。

常服：又称"补服"，是官员日常处理公务时所穿的服饰。起初，常服与公服相同，后历经多次修订，增设补子图案，将文武官员的身份用系列规范的标志形式绣于前胸后背的织锦上，不仅丰富了明代官服的文化内涵，还以此起到昭明官员等级的作用。

祭服：百官陪祭时所穿的礼服。在《诸司职掌》中规定："文武官员陪祭服，一品至九品，青罗衣，白纱中单，俱用皂领缘。赤罗裳，皂缘。赤罗蔽膝。方心曲领。其冠带、佩绶等差，并同朝服。"[13]

展示方式：通过服饰陈列与庆典、上朝、办公、祭祀四个服饰穿着场景的融合展示，辅以多媒体技术和数字技术手段，为观众营造良好的观展氛围。同时开辟3D虚拟现实场景体验区，让观众有机会穿越时空，去感受明代官场的工作场景和文武百官的情感世界。匠心打造虚实变化与动静结合的交互体验，仿佛再现了一部浓缩的明代官场现形记，使观众如痴如醉在明代官服文化中，体验服饰文化魅力和官场生活乐趣。

（2）识饰知品

明朝在承继历朝官服形制元素基础之上，形成了一套完整的阶序化的官服制度。洪武二十四年（1391年）定，官员常服用补子分别品级[14]。穿上常服，身上醒目的补子图案彰显了官员品级，使旁人对其身份一目了然。从一品到九品的官常服的前胸后背居中刺绣"补子"为标记，文官绣禽鸟类，武官绣走兽类，用以标记官阶之外，彰显文官文明、武官威猛之意象[15]，可以说，明朝在"补子"纹饰的选择上既别出心裁，又意蕴深远。

据《明会典》记载，这些动物造型都是官员品阶地位的重要标识。一品文官绣仙鹤，象征高洁俊雅、清正廉洁。二品文官绣锦鸡，代表文武勇仁信，希望官员以五德为标准严格要求自己。三品文官绣孔雀，雍容华贵，具有吉祥之意。四品文官绣云雁，寓意应当志存高远才能大展宏图。五品文官绣白鹇，以其四平八稳的走路姿势表示为官做事需要稳中不乱。六品文官绣鹭鸶，希望为官者能在浊乱的政治环境中克己奉公、廉洁自律，保持清醒的头脑。七品文官绣鸂鶒，象征忠贞不贰的高贵品格。八品文官绣黄鹂，表示吉祥富贵，飞黄腾达。九品文官绣鹌鹑，"鹌"同"安"，希望为官者兢兢业业为国效力，让国家长治久安、国泰民安。一品武官绘麒麟，中国传统瑞兽，是"麟、凤、龟、龙"四灵之一，取祥瑞之意，比喻德才兼备之人。二品武官绘狮子，寓意武官久经沙场，能在战场上勇猛善战。三品武官绘豹子，告诫君子应有则改之无则加勉，保持戒骄戒躁的脾性。四品武官绘老虎，代表武功非凡。五品武官绘熊罴，比喻力大无比。六品武官绘獬豸，喻其威武勇猛、清平公正。七品武官绘彪，希望成为上阵杀敌的勇士。八品武官绘犀牛，善攻击，形容武功高超。九品武官绘海马，表示身姿矫健英俊。因此人们又称文武官员为"衣冠禽兽"。

展示方式：运用文物数字三维采集技术提取补服中的飞禽走兽图纹，用于展示、解读补服魅力，便于观众区分对应的文化符号与象征寓意。在展区中设置有关补服纹饰、色彩的知识问答环节，答对者获相应的积分，最后累计总分，达到奖品设置分数线的观众将获得一份展览配套的文创产品。未达到领奖分的观众，可以用总分抵扣一定的文创产品实价，以相对优惠的价格买到自己心仪的文创产品，满足他们把展览中喜爱的文物带回家的心愿。

4. 第三单元 明风靓人

这个单元通过服装设计师深挖明代官服文化基因，结合时下流行元素和穿衣风格，古为今用、推陈出新，设计现代服装进行展示与试穿，并与公众一起探讨、改进设计款式。

展示方式：在设计师前期深入研究明代官服结构、图案色彩、手工刺绣、染色工艺、面料质地以及蕴含的服饰文化的基础之上，融入当今时尚元素，并结合时下穿衣风格，设计多款应景的极具舒适功能和时尚潮流的样衣。设计的样衣可以成系列，也可以是独立作品，开辟风格化的服装展示区进行成衣作品展示。根据成衣风格可以做独立展示，也可以集中于一个空间进行系列样衣品牌展示。在样衣旁留出活动空间，辅以明代装修风格，放置真人版试衣镜，让观众穿戴打卡留念，在获得较好体验感的同时可以把样衣带回家。除服装展示区和体验区外，开辟设计手稿区、材料样本区、生产制作区三大特色区域来强化设计师在服饰创造设计时的设计理念、材料选择和制作流程，让观众充分了解服饰从设计到生产的一系列创作过程。此外，以设计手稿和样衣材料为启迪，开发手工体验环节，邀请观众进行裁剪拼贴和手绘创作，调研观众对服饰款式的喜好。参与者根据观展感悟、服饰认知和穿衣风格自行设计服装款式，既满足观众强烈的参与设计心态，又让设计师充分了解观众喜好，从而能够更好地完善设计作品、满足市场需求。

四、结语

此次展览活动的设计展示了博物馆运用跨界思维的有益尝试，是用新技术、新手段、新形式，让明代官服文化在现代社会焕发生机的一次重要实践。运用互联网思维，发挥"新科技"的优势，来保护文物的"形"，留下文物的"魂"，传播文物的"美"。通过文物数字采集来补充展品内容，展现博大精深的服饰文化，最大程度地为观众打造一节生动的美育课堂；通过技术手段去强化交互功能，塑造沉浸体验，把一场服饰欣赏展览变成互动体验与感官享受兼具的盛宴。同时引设计师作品入展，开辟观众设计体验区，双方携手共同设计符合现代社会审美和大众消费需求的服饰。通过展览的启迪、设计作品的展示和现场观众的反馈意见，让古今文化不断碰撞，继承和创新服饰结构、裁剪技法、色彩搭配、纹饰工艺及设计理念，使传统文化融入现代生活，并实实在在地服务于现代生活，在吐故纳新中促进古代服饰文化的传播与更新。

此次展览将明代官服的形和美、服饰背后的身份地位和礼制习俗，通过别具特色的内容介绍、沉浸式互动体验、古今服饰秀、服饰设计创作、文创产品开发等环节向观众充分展示，循序渐进的文化输出方式和创新的展陈形式确保了公众身临其境的参与体验。这不仅表现出策展人对服饰文化的尊重和敬仰，也展现了博物馆在服饰文化传播、展示、交流和服务的体验式文化科普中的主动担当。期望在服饰展览的交流探讨中，博物馆将持续探索传统文化的创新表达，为研究传统服饰文化的传承与发展路径提供参考与借鉴，也为设计师今后的设计创作之路开辟一片新天地。

参考文献：

[1] 赵丰. 从一家之言到人类共识——谈"众望同归：丝绸之路的前世今生"策展思路和活动设计[J]. 中国博物馆，2021（1）：58.

[2] 班慈. 从静默到对话——成都地区展览中的跨界现象研究[D]. 成都：成都大学，2021.

[3] 王洋."颠覆与重塑：馆藏马西莫·奥斯蒂男装展"策展手记[J]. 中国美术学院学报，2018（7）：33.

[4] 陈远怡. 博物馆时装展览的演进与未来[J]. 中国艺术，2018（11）：66.

[5] 周莹. 法国"时尚与面料博物馆"及展览研究[J]. 艺术设计研究，2021（1）：9.

[6] 杨晓涵. 混融叙事——技术史视角展览的策展方法研究[D]. 北京：中央美术学院，2021.

[7] 常建华. 论明代社会生活性消费风俗的变迁[J]. 南开学报，1994（4）：53.

[8] 范迪安. 建立中国策展学[J]. 美术观察，2019（8）：5.

[9] 程佳. 论明代官服制度与礼法文化[D]. 太原：山西大学，2008.

[10] 申时行. 明会典：万历朝重修本[M]. 北京：中华书局，1989.

[11] 杨伯峻. 论语译注[M]. 北京：中华书局，1980.

[12] 陈立娟，韩敏. 近十年明代服饰研究综述[J]. 服饰导刊，2019（8）：45.

[13] 杨一凡，田涛. 中国珍稀法律典籍续编：第三册[M]. 哈尔滨：黑龙江人民出版社，2002.

[14] 周锡保. 中国古代服装史[M]. 北京：中国戏剧出版社，1984.

[15] 杨正文，李建峰. 承传与变革：明清两朝官服及宫廷服饰的比较[J]. 民族学刊，2019（6）：35.

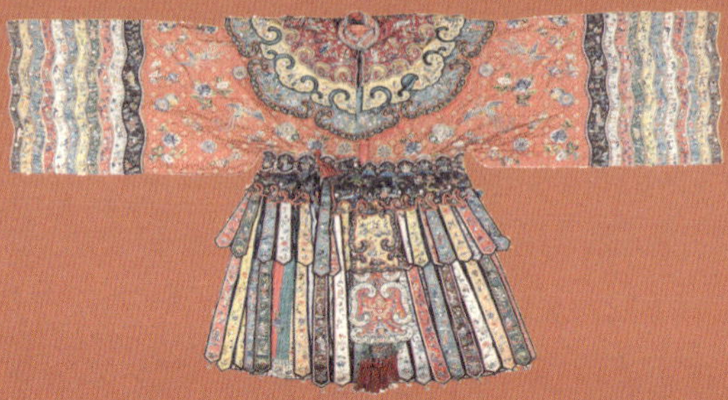

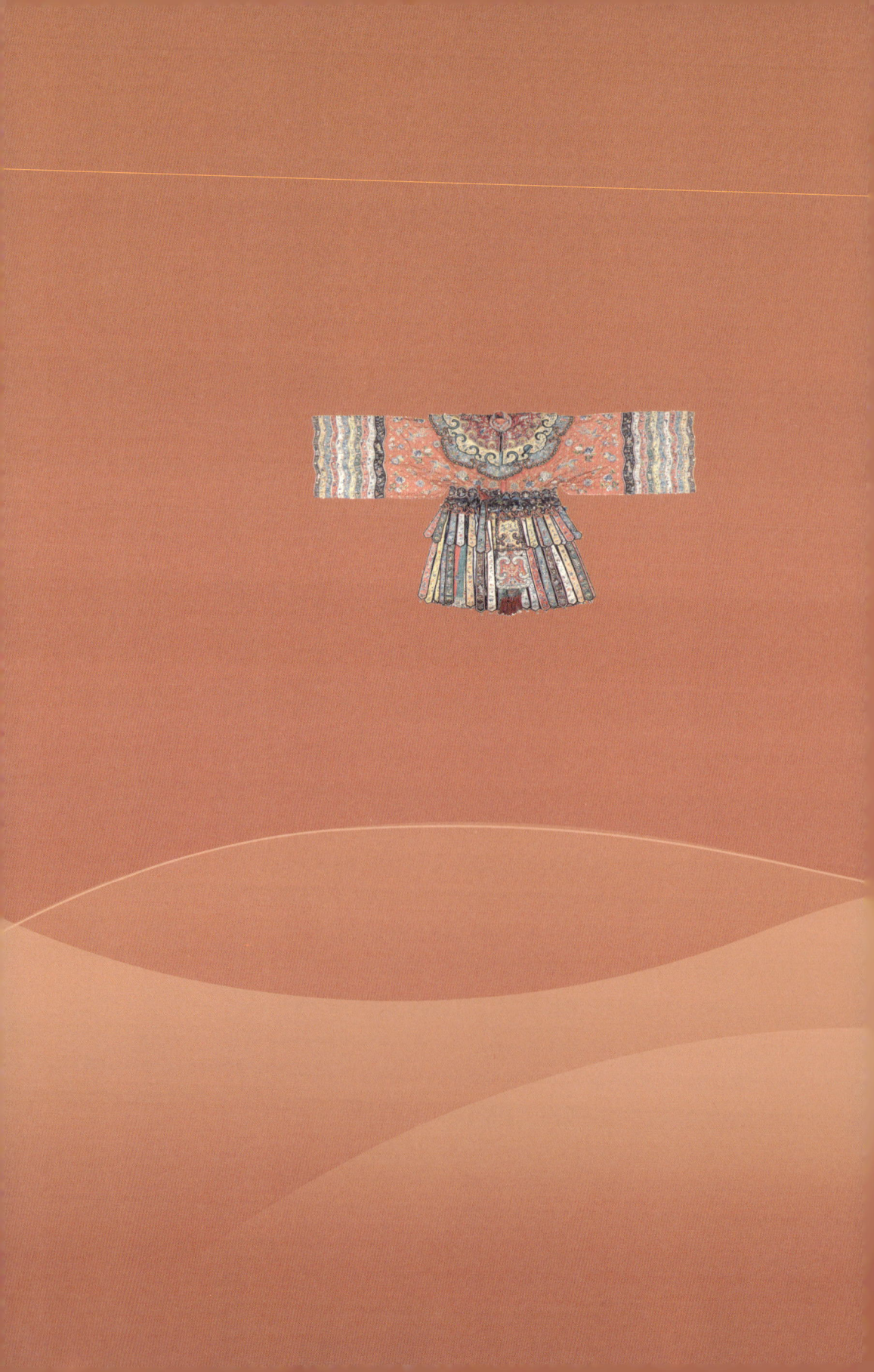

馆藏服饰与艺术品研究

第三版块

又见低帮鞋：基于馆藏文物的北宋职役足衣研究❶

黄智高❷

> **内容提要**：北宋职役作为政府机构中的"平民管理者"之特殊角色被专职化，其足衣等服饰特色渐趋鲜明。经广泛的考古文博机构馆藏文物及相关文献比较考证发现，北宋职役足衣中的低帮鞋形制相比唐及五代更为普遍，并非影视等艺术作品中所反映的普遍着靴之情势。其低帮鞋有翘头、平头、方头、尖头等多样化具体形制，包含了实用、审美、象征等功能发挥，内蕴有"天人合一"的价值观、"天地交通"的养生观等中华传统文化内涵。低帮鞋是中华经典服饰旧制，北宋职役对其回潮穿用，一方面是源于当朝的法令约束；另一方面则是源于主观意愿，即儒家服饰传统、中医养生观念的认同及平民文化的追随，这后者是关键因素。其回潮不是简单的复古，而是理性思维与科技创新支撑下的经典承继。
>
> **关键词**：低帮鞋；北宋职役；足衣；经典回潮；天人合一

职役，是古代政府机构的特殊役种，不同于普通徭役，虽源于平民阶层，无官无品，但却属于统治者。宋末元初马端临述曰："天子之与里胥，其贵贱虽不侔，而其任长人之责则一也。"即天子和里胥等职役贵贱差异虽大，但都是管理者，同属一类人[1]。该职业

---

❶ 本文为国家社科基金艺术学项目"北宋男服'百工百衣'式样图绘及其构建思想研究"（项目编号：18BG112）阶段性成果。

❷ 黄智高，河南工程学院副教授、硕士研究生导师。

在《文献通考》等古文献及诸多现当代研究中被称为职役[2, 3]，也有研究将其等同于胥吏[4, 5]，且多有争论[6]，但其概念范畴大致相当，此处不予讨论。其社会地位被称极其卑微，"属于贱民，类同奴仆"[5]，照此而言即"四民不收"之人，处于"士、农、工、商四民以外"[7]，百姓和官府都不待见[1]。但是在北宋，孔目、押司、弓手等职役进入专职化发展阶段[4]，在各类役种中数量占比颇大而为主体。又因其掌握着重要的官方与民间双重资源，发挥的行政作用紧要。因此，尽管其地位卑微，却是当朝关注的重要角色，常被苏轼等士大夫评谈❶。据此推断，其形象也应常受瞩目。古中国尤重礼仪，行政形象更关乎统治意识形态，行政执法服饰的礼仪象征性地被重视有加，各朝代都应严加规范[8]。所以，北宋职役着装应各有规格。《东京梦华录》记载："馀执事人，皆介帻绯袍，亦有等差。"[9]又记载："跨马之士，或小帽锦绣抹额者，或黑漆圆顶幞头者，或以皮如兜鍪者，或漆皮如戽斗而笼巾者，或衣红黄罨画锦绣之服者，或衣纯青纯皂以至鞋裤皆青黑者，或裹交脚幞头者……。"[9]此所描述各类职役着装的差异化形象，便是着装规制的结果。

作为北宋特殊角色的职役，其着装形制、文化表征也应具有特殊的朝代服饰代表性，研究价值也自然不同一般。基于此，诸多研究依据各类实证资料对包括职役在内的北宋多阶层服饰作了相关专题研究[10-12]，给予了一定研究价值之揭示，只是罕有其足衣的专门研究。而中国古人向来重视足衣文化，有"行必履正，无怀侥幸"[13]之说。部分成果展开了一定层面的研究[13-15]，启发了展开职役足衣研究的必要性。

综上，本研究试图以职役足衣为专题，通过历史实证探索与纵横向比较研究，就其在北宋的形制变化求是一二，继而对其中的思想观念蕴含作出尝试性释读。

一、北宋职役足衣类别及唐宋比较

北宋职役的足衣具体是何形制，普通大众所持印象大概多取自影视画面。比如筒靴与各种制式裤子、上衣及首服相配，是人们在《清平乐》《大宋提刑官》（何冰版）等北宋背景古装影视剧中常见的职役服饰形象（表1）。但这些是否为真呢？

据与《清平乐》同期的画作《西岳降灵图》（北宋李公麟）之反映，大多数职役着系带布鞋，或着麻鞋等，为浅口（见表1："传世画作"左图）；《醉僧图》（北宋李

---

❶ 苏轼曰："今国家设捕盗之吏，有巡检，有县尉，然较其所获，县尉常密，巡检常疏，非巡检则愚，县尉则智，盖弓手乡户之人与屯驻客军异耳。"

公麟）中的持酒罐侍者穿着浅口系带布鞋［见表3："其他头型（平头）"上左图］；《莲社图》（北宋李公麟）中的持伞侍役也着浅口麻鞋［见表3："其他头型（平头）"下右图］；《十咏图》（北宋张先）所绘正欲拾步登阶的持物职役，也着白色低帮鞋，配以白裤、黑袍（见图1：A）。另有大概同期的、1971年河南方城金汤寨村出土的卫士男石俑所着足衣，初看像靴子，但细察则发现有鞋带掩于裤脚，是开口较深的汉式低帮鞋，应为保暖型浅口款式（见表1"造像记载"左图）。其与1955年陕西兴平出土的北宋彩陶男立俑所着式样相似，该立俑鞋款虽然抽象，但据其较宽厚的鞋尖形态判断不应为惯作尖头的靴［见表3："其他头型（平头）"上右图］。

表1　北宋职役足衣代表性记载

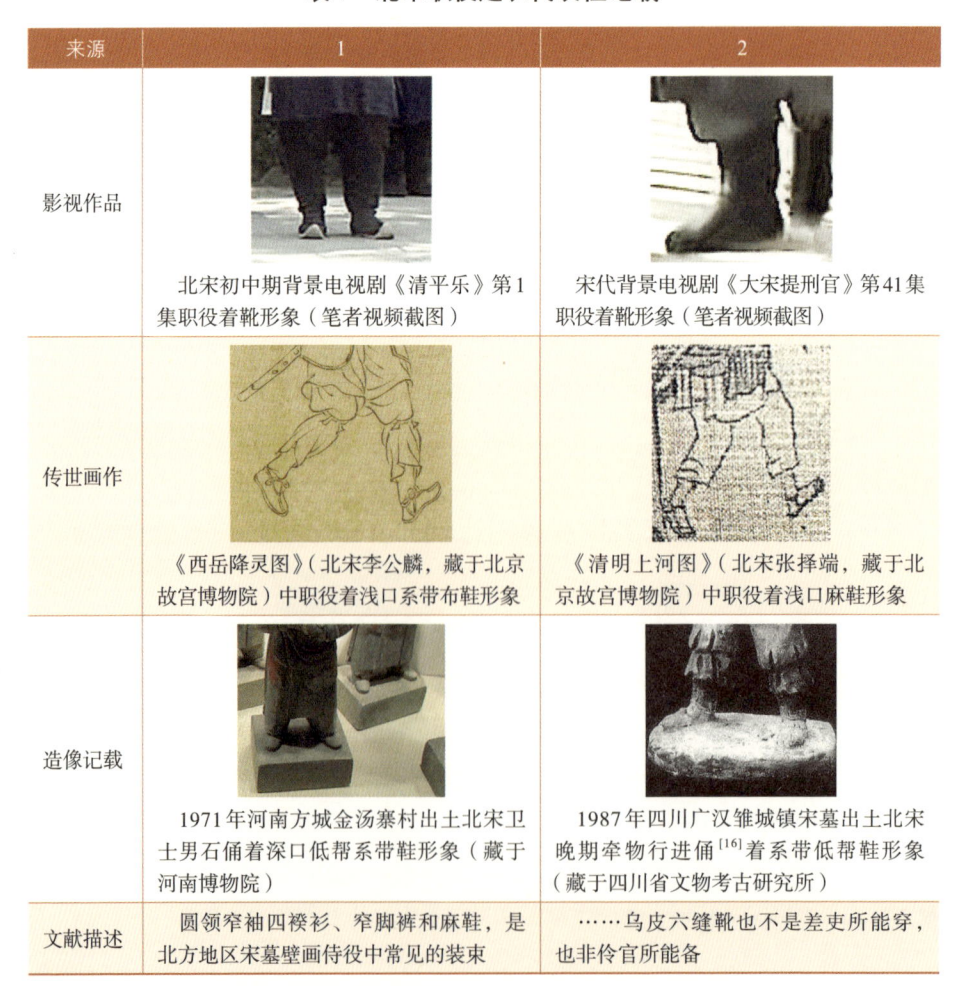

来源	1	2
影视作品	北宋初中期背景电视剧《清平乐》第1集职役着靴形象（笔者视频截图）	宋代背景电视剧《大宋提刑官》第41集职役着靴形象（笔者视频截图）
传世画作	《西岳降灵图》（北宋李公麟，藏于北京故宫博物院）中职役着浅口系带布鞋形象	《清明上河图》（北宋张择端，藏于北京故宫博物院）中职役着浅口麻鞋形象
造像记载	1971年河南方城金汤寨村出土北宋卫士男石俑着深口低帮系带鞋形象（藏于河南博物院）	1987年四川广汉雒城镇宋墓出土北宋晚期牵物行进俑[16]着系带低帮鞋形象（藏于四川省文物考古研究所）
文献描述	圆领窄袖四䙆衫、窄脚裤和麻鞋，是北方地区宋墓壁画侍役中常见的装束	……乌皮六缝靴也不是差吏所能穿，也非伶官所能备

宋代经典剧目《大宋提刑官》（何冰版）的足衣也可由现实主义宋画《清明上河图》（北宋张择端）佐证是错误的。该图中的职役足衣形态多为棕、麻等编结线鞋，与小口长裤或缚裤搭配，均为低帮鞋形制（见表1："传世画作"右图）。同期的《听琴图》（北宋赵佶）中站立的侍役着与裤子同色的白色线鞋，该鞋口虽较深，但依然是低帮汉式鞋样［见表3："其他头型（平头）"中左图］。同为此期完成的《白莲社图》（北宋张激）画中人物均着浅口布鞋，包括多位职役［见表3："其他头型（平头）"中右图］。同期背景的山西高平开化寺壁画所绘仪卫均着白色浅口线鞋（见图1：F）；四川广汉县雒城镇宋墓出土牵物俑所着足衣也为系带低帮鞋（见表1："造像记载"右图）。

另外，一些不能明确具体年代的宋代画作与出土文物也记录有多种低帮鞋。如《春游晚归图》（宋佚名）中官员的行从职役虽各有所事，但均着白色低帮鞋（见图1：B）；《会昌九老图》（宋佚名）绘有一独处角落歇息的职役着白色低帮鞋（见图1：C）；《歌乐图》（宋佚名）中绘制的伎乐官也着白色浅口线鞋［见表3："其他头型（平头）"下左图］。再者，四川成都双流永福五大队四队出土的北宋陶牵马俑所着亦为浅口系带麻鞋（见图1：D）。

有研究称，着"圆领窄袖四䙆衫、窄脚裤和麻鞋，是北方地区宋墓壁画侍役中常见的装束。"[17]（同表1：文献描述1）可见麻是职役常用足衣材质。另从其配图可见，无论职役级别高低，足衣多为低帮鞋[17]。还有记载称，北宋规定平民须穿"草鞋、布鞋"，该风俗发生很普遍[13]。依此便可理解同为庶人的职役穿用低帮鞋之广泛。重视恢复宋制的明朝也规定："凡当差者不可穿靴，只可穿单脸青布鞋。"[14]依此可揆度宋代职役足衣形制。

但同时，靴子在北宋职役服饰中也可见。《西岳降灵图》（北宋李公麟）中一执鞭职役着圆领袍和乌靴，但该装束在图中为少数者。福建尤溪梅仙坪寨一号宋墓左室左壁"朝仪图"中的卫士也着黑靴，应为某类禁军装束[17]。再如《东京梦华录》记载礼部尚书奏报朝廷的仪仗队诸班直中有着"交脚幞头、胯剑、足靴"者，但也有"衣纯青纯皂以至鞋裤皆青黑者"和着"短顶头巾、紫上杂色小花绣衫、金束带、看带、丝鞋"者[9]。

总体来看，职役着靴主要频出于南宋，其因是胡风盛行而僭越多见[18]。而北宋初、中、晚各期则以低帮鞋为主流。有研究称："靴作为连筒之鞋，在宋代十分盛行，其使用者主要是文武官员……此外，士人获取功名后亦可穿用。"[19]沈从文在分析河北宣化辽天庆六年墓壁画中北宋乐人着装时也指出："此外……脚下穿之唐式乌皮六

图1　各类职役足衣

A.《十咏图》局部（北宋张先，藏于北京故宫博物院）B.《春游晚归图》局部（宋佚名，藏于北京故宫博物院）C.《会昌九老图》局部（宋佚名，藏于北京故宫博物院）D.四川成都双流永福五大队四队出土的北宋陶牵马俑（藏于成都博物馆）E.《夜宴图》局部（五代周文矩）F.山西高平开化寺壁画中的仪卫

缝靴也不是差吏所能穿，也非伶官所能备。"[20]（同表1：文献描述2）所以，北宋靴子主要用于上流社会或特殊境况下，职役依然以低帮鞋为主体足衣。

对北宋衣冠制度影响颇大的唐代，职役足衣是否亦如上述呢？就此可探寻唐或五代（服饰制度基本沿袭唐代）的相关文物实迹。《百马图卷》（传唐代韦偃）❶中的铡草马夫着乌皮靴（见表2：唐代传世画作1）；1958年陕西西安杨思勖墓出土的唐代描金石雕武士俑（见表2："唐代造像记载"左图）及朝阳张狼墓出土的唐代陶男侍俑均着靴（见表2："唐代造像记载"右图）；《韩熙载夜宴图》❷（传南唐顾闳中）中的伎乐人多着乌皮靴（见表2：五代传世画作1）。有研究称，万州唐墓出土文物中的牵马俑、牵骆驼俑、侍从俑、伎乐俑等职役均着火头靴[21]。还有研究称："至唐代，官民都可穿靴。"[13]（同表2：唐代文献描述）可见，职役足衣形象在唐及五代与北宋间形成了鲜明的靴鞋差异，而非一脉相承。

表2　唐及五代职役足衣代表性记载

来源	唐代	五代
传世画作1	《百马图卷》（传唐代韦偃，藏于北京故宫博物院）中着靴马夫	《韩熙载夜宴图》（传南唐顾闳中，藏于北京故宫博物院）中伎乐职役所着乌靴
传世画作2	《唐人游骑图》（宋佚名，藏于北京故宫博物院）虽宋人作，但衣着为盛唐典型[20]。该图为步行职役着靴线描形象	《文苑图》（五代周文矩，藏于北京故宫博物院）中侍役所着浅口线鞋

❶ 沈从文认为是宋人画作，但叙述内容应为唐，着装形象符合唐制。
❷ 沈从文认为从其画风、用品、叉手礼等可判断为北宋及以后作品，但着靴习惯应为南唐时期。

续表

来源	唐代	五代
造像记载	左：1958年陕西西安杨思勖墓出土唐代描金石雕武士俑（藏于中国国家博物馆）。右：朝阳张狼墓出土唐代陶男侍俑（藏于朝阳市博物馆）	1950年江苏南京牛首山南唐李昪墓出土男舞伎陶俑着靴形象[20]（藏于南京博物院）
文献描述	至唐代，官民都可穿靴	着练鞋而不着乌皮六合靴……，非晚唐南方习惯……[20]

不过，五代职役也有着低帮鞋形象。如《文苑图》（五代周文矩）中弯腰研墨的侍役着低帮鞋（见表2：五代传世画作2）；《夜宴图》（五代周文矩）中持茶壶的侍者着单鼻梁蓝纯浅口黑鞋（见图1：E）。而且，在渐具社会风尚导向力的五代文人圈，低帮鞋也广泛存在。如《文苑图》中的士人着低帮鞋（见图2：A）；《槐荫消夏图》（传五代王齐翰）中士大夫穿用笏头低帮鞋（见图2：B）；《重屏会棋图》（五代周文矩）中士大夫们均着低帮鞋（见图2：C）。这种文人着装风气对后世文人至上的北宋社会应会造成一定影响，职役的自主着装和法定着装都应或多或少地受此左右。所以，足衣风俗从唐、五代至北宋发生了潜移默化的变迁更替。

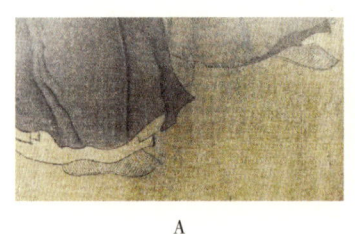

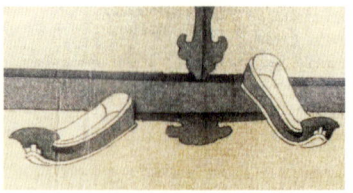

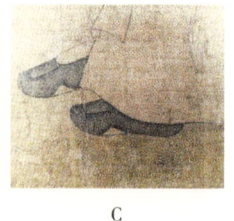

图2 五代文人足衣
A.《文苑图》局部（五代周文矩，藏于北京故宫博物院）B.《槐荫消夏图》局部（五代王齐翰〈传〉，藏于北京故宫博物院）C.《重屏会棋图》局部（五代周文矩，藏于北京故宫博物院）

综上可见，职役足衣类别有靴、鞋两大类，且唐代靴类为主体，而至五代呈现鞋靴并用主体趋势，北宋时低帮鞋则为主流。所以，历史实证反映的靴类职役足衣在北宋极为少见，相关影视艺术形象塑造不可信。

二、北宋职役低帮鞋形制、功能及文化意蕴

低帮鞋如何解释？清代段玉裁曰："古曰履，今曰鞋，名之随时不同者也。"[22] 即履鞋同义。《说文解字》对履的解释是："足所依也……舟象履形。"[22] 表达了履是舟形的鞋子形制，即浅口状态。清代朱骏声释曰："汉以前复底曰舄，禅底曰履；以后曰履，今曰鞋。"[22] 由此可见其底多制，均可称为"履"或"鞋"。舄，为祭服所配之鞋，高级统治者方可穿用，而履则为一般人士可穿[13]。可判断，职役之鞋应为单底舟形之浅口形态。

据前述实证，职役低帮鞋发展至北宋，其形制已达多种（见表3）。这种境况既因于法令规制，也有风俗影响。

表3　北宋职役低帮鞋代表形制及其功能、文化

类别	图例	功能与文化
翘头	左：《维摩演教图》（北宋李公麟，藏于北京故宫博物院）中高级仪卫所着云头系带锦履。右：《莲社图》（北宋李公麟，藏于南京博物院）中侍役所着翘头布鞋	左：轻便舒适，具有中华保健与审美功能。云头象征人生如意而不断上升。右：应为皮革鞋。翘头可提托衣摆且有致敬上大之意。鞋跟部拼料以固牢穿脱
其他头型（平头）	左：《醉僧图》（北宋李公麟，藏于美国弗利尔美术馆）中二侍役所着不同款圆头低帮鞋。右：1955年陕西兴平出土北宋彩陶男立俑所着圆头履（藏于陕西历史博物馆）	均为圆头鞋。左为舒适轻便的单鼻梁系带布鞋。两款鞋系带方式不同，所发挥的固牢、装饰功能不同。侧开口具有保健功能。右图表达抽象，应为低帮鞋，保健性佳

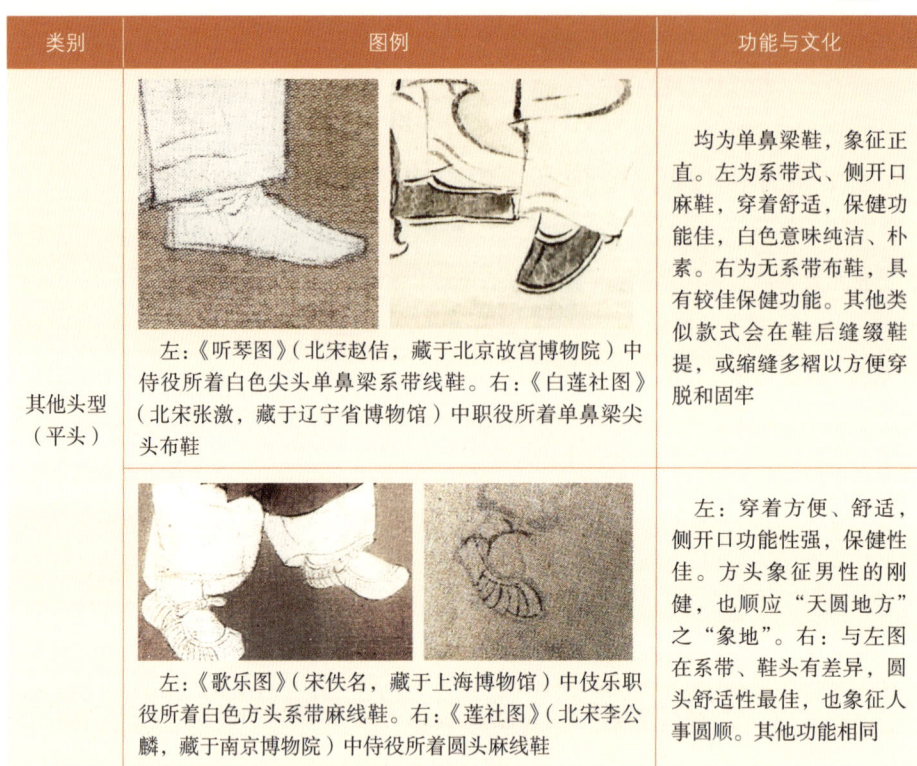

续表

类别	图例	功能与文化
其他头型（平头）	左：《听琴图》（北宋赵佶，藏于北京故宫博物院）中侍役所着白色尖头单鼻梁系带线鞋。右：《白莲社图》（北宋张激，藏于辽宁省博物馆）中职役所着单鼻梁尖头布鞋	均为单鼻梁鞋，象征正直。左为系带式、侧开口麻鞋，穿着舒适，保健功能佳，白色意味纯洁、朴素。右为无系带布鞋，具有较佳保健功能。其他类似款式会在鞋后缝缀鞋提，或缩缝多褶以方便穿脱和固牢
	左：《歌乐图》（宋佚名，藏于上海博物馆）中伎乐职役所着白色方头系带麻线鞋。右：《莲社图》（北宋李公麟，藏于南京博物院）中侍役所着圆头麻线鞋	左：穿着方便、舒适，侧开口功能性强，保健性佳。方头象征男性的刚健，也顺应"天圆地方"之"象地"。右：与左图在系带、鞋头有差异，圆头舒适性最佳，也象征人事圆顺。其他功能相同

宋徽宗重和元年（1118年），当朝足衣改靴为履，并黑革为之，且"从义郎、宣教郎以下至将校、伎术官去繶、纯，并称履。"可知，宋末较高身份的职役伎术官可用黑革制作鞋子，其装饰"繶"和"纯"的规格被明确。再如庆历八年（1048年），诏令禁止"士庶效契丹服"，职役着靴应受到限制。在法令规制下，各层次、各岗位职役的足衣呈现了不同形制。北宋社会，民间风俗影响强劲，官方法令常会令行不止。张耒在《衣冠篇》中载："当时胥徒的冠服与知州、县令相差无几。"这说明会存在胥吏应"上下混一"[23]之着装风俗而穿着僭越鞋款现象，自然其足衣会有形制不一。

具体从表3可察，其鞋头有圆头、方头、尖头、翘头、平头等，而鞋面也有宽、窄、分、整之别，鞋跟和侧帮有缺、满之差，鞋底有薄、厚之异。所用材质、工艺、部件也多样，如麻、草、棕、丝、毡、革等材质，刺绣、编结、镂空、镶滚、半包、全包之工艺，及系带、扣襻、无带结等穿用方式，使得形制各有差异。不同的形制又各有功能和文化差异。如方头鞋是男性的专用形制[19]。鞋头上翘者多为高级当差者，着袍或裙裳时翘起的鞋头可以托起底边，以免妨碍走动，同时兼具防护足部和巩固鞋身的功能。再者，该式样的文化信仰也特色独具，即鞋尖上翘指天，鞋底指地，足在中间则指人，呈以天、地、人和谐之"天人合一"器用观[24]。再如鞋面做中缝分割的单鼻梁鞋（另有双鼻梁款式），其纵向贯穿鞋前脸正中的鞋梁象征了穿着者的道德立场，警醒自己要遵守礼仪规范，正直做人，公正做事[24]。总之，低帮鞋各类形制均承载着中华传统道德观念内容。

相对于靴子而言，低帮鞋轻便舒适，适合多步行的行为特征，在平坦的中原大地即满足"便身利事"[25]的功效诉求，其形象也更符合中部地区广袤平阔的地理情势，且与职役岗位所需的亲和力及中庸气质相搭。再结合内穿之白袜，则足衣层次丰富完整，鞋与袜所附装饰、材质等元素令视觉上的象征性更具体细腻，对不同阶层间的尊卑等差表达更显充分。再者，低帮鞋常用木、麻、草、帛等天然质料做底，兼以大敞口特征，更易通自然之气[26]，促进足底健康。《黄帝内经·素问》之"生气通天论篇"云："夫自古通天者，生之本，本于阴阳。天地之间，六合之内，其气九州、九窍、五脏、十二节，皆通乎天气。"即人类等万物都应通于自然之气，这是生命存在的根本。"肾出于涌泉，涌泉者，足心也……"所以，足部保健甚是重要，浅口形制及天然舒适材质的足衣设计正是积极响应了上述足底保健规律。

三、低帮鞋历史源流及穿用回潮辨析

据载，"古有舄、有履、有履而无靴，武灵王之后用靴。"[23]即赵武灵王"胡服骑射"后才始有靴在中原的发展，此前均为低帮鞋履形制。由前文释述可断，秦汉时舄、履等舟形低帮鞋履是普遍的足衣形制。向上追溯，还可知殷商时已有鞋履礼制[13]，至周代等级礼法更为严格，且鞋履细节也有了规制。《周礼注疏》记载："履人，掌王及后之服履。为赤舄、黑舄、赤繶、黄繶；青句、素履、葛履……著服各有履也。"同时，浅口形制的"草鞋最初时曾是帝王、君王、贵人及读书人的足下宠物"[14]，这应会助推该形制的发展。后随着等级制度的强化，"到魏晋南北朝时期，一般士人和贫者只能穿草鞋。"[14]草鞋开始被固化于平民。可以判断，舟形鞋履是隋唐前中国社会的基本足衣形制。靴子虽有发展，但因是胡制，并不受欢迎，唐以前"不可穿靴入宫"[14]。至唐代，官民普遍穿靴，低帮鞋的社会穿用锐减。

那么到北宋，低帮鞋缘何能够颠覆靴子而成为时尚呢？

宋初即有"恢尧舜之典则，总夏商之礼文"[27]的复兴战略部署，统治阶级及其他主流阶层"对商周礼仪制度和文化的追认"[28]成为重要特征。在此背景下，低帮鞋旧制被广泛认同、穿用成为可能，"无论贵贱、男女，平常都穿鞋"[29]。也基于此，儒学被重视而迅速复兴，社会等级规制得到加强，社会上层可着靴，而普通人则着"布鞋或草鞋"[14]。梁克家记闽地北宋风俗云："自缙绅而下，土人富民胥吏商贾皂隶衣服递有等级，不敢略相陵躐。士人冠带或弱笼衫，富民、胥吏皂衫，贩下户白布衫……"[23]可见规制严苛，等差鲜明，职役足衣形态被再次固化。

可是，职役遍着低帮鞋之现象仅是等级制度使然？

事实上，北宋服饰等级制度常不能被严格遵行。《宋史》卷一五三《舆服志五》载太平兴国七年（982年）诏曰："士庶之间，车服之制，至于丧葬，各有等差。近年以来，颇成逾僭。"仁宗时张方平上奏曰："巾履靴笏，自公卿大臣以为朝服，而卒校胥史，为制一等，其罗縠、绮纨、织文、绣，自人君至于庶人，同施均用。"[23]可见，宋人着装并未受苛制约束，普通阶层应可僭越穿靴。那么职役为何多会固守低帮鞋呢？

北宋科举常倾向于平民学子，其大量入仕而使士大夫阶层平民化。士大夫以平民视角关注社会成为常态，平民化意识愈成主体[25]，等第观念逐被淡化、瓦解，浅口便鞋常有随身。这大概也影响了当朝衣冠制度风向，北宋末的朝鞋也终由靴改为履，无疑会刺激低帮鞋的普及。

另外，北宋职役低帮鞋的穿用回潮并非简单的历史复制与思想回归。

其一，认同祖先经典而积极传承。儒学的社会治理及教化价值被北宋上下各阶层认同，并进入理性思辨发展阶段，"儒释道"融合为新儒学。此基础上，"以佛修心，以道养生，以儒治世"[30]的价值观念得以传播和强化，承载汉儒正统的低帮鞋更重视了中医保健文化的承继。继前文所述，低帮鞋可借天地自然之气将养生功效最大化。《黄帝内经·素问》有"惟贤人上配天以养头，下象地以养足"的观念，即只有贤明的人才会顺应天气养头、地气养足之自然规律。所以儒学发展的新气候令中原人人向贤，重视天地之气更易贯通的低帮鞋穿用，这典型区别于胡人文化观念。

其二，理性思维的成熟导向了低帮鞋应用逻辑。北宋科技发达，儒学呈现哲学化特征，人们形成了理性思辨的认知习惯，这在低帮鞋的设计及穿用中自然促成了不同于以往的品质观念与创新逻辑。唐代"鞋履的性别差异尚未得到强化"[31]，至宋代则有性别差异的鞋款强调。在这种观念驱使下，技术水平获得提升，男鞋出现了精致的"小头皮鞋"[32]，具体是"皮质翘尖小脚鞋"[33]，以别女性。2016年发掘的南宋初期赵伯澐墓出土了环编足衣[34]，其手工编织工艺十分精良，菱形织纹细节变化丰富，对西方也有传播影响，可推测北宋时期针织技术高超。综上，宋代足衣审美倾向于功能塑造，较前朝更注重细节，反映了品质观念的升级。再由《东京梦华录》服饰店铺林立所反映的商业之发达亦可想象百姓足衣生产技术的先进[9]。可见，低帮鞋更具先进文化和精致技术的承载性，也影响了宋人足衣的智慧抉择。

所以，职役低帮鞋的穿用回潮更源于自觉与理性，其所受法令干预应非关键。

四、小结

职役低帮鞋的普遍穿用之史实在北宋背景的影视等作品中反映不足，误导颇深。究其原因，应为唐代着靴的时尚对后世影响过深，宋、明、清各代又均有着靴延续，致使后代艺术家仅凭大概认知便做了粗浅的足衣理解与再现，实为历史文化的误读。

低帮鞋自古有之，形制丰富，内涵深厚，属中华经典服饰。其在北宋职役群体的回潮发展，并非简单的封建等级规制使然，而是当朝统治思想的复古、儒学复兴导向下"天人合一"观念的认同、古代养生功能的重构、平民化着装思想的发展等因素共同促成。而且，低帮鞋回潮也非简单的复现，而是在宋代科技创新观念下的理性再造与自觉甄选，在穿着功能、装饰技艺、材质制作等多方面皆有发展，是为中华经典承继与发展范例。

可见，北宋职役低帮鞋的穿用回潮之关键原因是全民文化意识的统一。就此也可理解北宋民众没有处于统治思想的过甚束缚之下，反倒让人深感其思想之自由，创新实践之大胆。而在这种大胆实践中难免会有一次次犯上僭越，但其理性考究后的创新合理性又不得不被鼓励，从而使封建政府不得不一次次妥协。

作为一种文化标识，低帮鞋承载了丰富的、深刻凸显"儒释道"融合特征的中华传统文化，昭示了民族自豪感、文化自信心的存续。其在职役中的普及发展令人对这个特殊群体的阶层交叉性、边缘性产生了复杂而深刻的解悟。事实证明，尽管该阶层群体行为颇受诟病[1,5,6]，其发挥的文化传播与观念构建促进作用也不可小觑。

参考文献：

[1] 赵英.试论北宋职役制度[J].内蒙古大学学报（历史学专集），1981（S1）：90–111.

[2] 黄敏捷.私雇代役——宋代基层社会与朝廷役制的对话[J].安徽史学，2017（6）：64.

[3] 吴树国，王雪萍.北宋前期役制变迁探析[J].济南大学学报（社会科学版），2013，23（1）：49，50.

[4] 高柯立.宋代地方官府胥吏再探：以官民沟通为中心[J].河北大学学报（哲学社会科学版），2017，42（3）：7，8.

[5] 徐永计.宋江"大孝"质疑[J].延边大学学报（社会科学版），2013，46（2）：87.

[6] 甄一蕴.宋代胥吏研究综述[J].中国史研究动态，2016（1）：34，35.

[7] 陈宝良."服妖"与"时世妆"：古代中国服饰的伦理世界与时尚世界（上）[J].艺术设计研究，2013（12）：33.

[8] 范忠信.公堂文化、公正观念与传统中国司法礼仪[J].中国法律评论，2017（1）：113，114.

[9] 孟元老.东京梦华录：精装插图本[M].北京：中国画报出版社，2013.

[10] 华雯.《宋史·舆服志》中的服饰研究[D].上海：东华大学，2016.

[11] 束霞平，张蓓蓓.北宋初汉族男性服饰特征探微[J].丝绸，2015，52（9）：61-63.

[12] 张蓓蓓.论北宋中晚期汉族服饰之师古[J].学术交流，2013（10）：173，174.

[13] 周莹.中国古代鞋履风尚变迁史研究[J].丝绸，2012，49（10）：70.

[14] 孙秀梅.谈中国鞋文化[J].辽宁大学学报（哲学社会科学版），1997（1）：98.

[15] 李运河，王璐琨.中国古代鞋履艺术及审美文化[J].皮革科学与工程，2010，20（4）：69.

[16] 陈显双，敖天照.四川广汉县雒城镇宋墓清理简报[J].考古，1990（2）：12.

[17] 杨琮，林玉芯.闽赣宋墓壁画比较研究[J].南方文物，1993（4）：75.

[18] 徐吉军.南宋时期的服饰制度与服饰风尚[J].浙江学刊，2015（6）：30-33.

[19] 徐吉军，方建新，吕凤棠，等.宋代风俗[M].上海：上海文艺出版社，2018.

[20] 沈从文.中国古代服饰研究[M].北京：商务印书馆，2011.

[21] 谭建华.万州唐墓出土人物俑服饰研究[J].重庆三峡学院学报，2018，34（6）：13，14.

[22] 汤可敬.说文解字[M].北京：中华书局，2018.

[23] 刘复生.宋代"衣服变古"及其时代特征——兼论"服妖"现象的社会意义[J].中国史研究，1998（2）：85.

[24] 郭晓红.从古代鞋时尚看中国男人女人的社会定位[J].太原师范学院学报（社会科学版），2008（5）：64，65.

[25] 刘淑丽.北宋男服"百工百衣"生成探赜[J].服装设计师，2020（21）：166.

[26] 盛晶，张景云，宋佳.中华老字号"同升和"：求新求变中的传承与创新[J].公关世界，2017（13）：86.

[27] 聂崇义.新定三礼图[M].丁鼎，点校.北京：清华大学出版社，2006.

[28] 邓昶，朱和平.宋代仿古青铜器造型的设计学考察[J].南京艺术学院学报（美术与设计），2016（5）：73.

[29] 中国文物学会专家委员会.中国艺术史图典·服饰造型卷[M].上海：上海辞书出版社，2016.

[30] 李秉宸.理学与宋代服饰文化关系的探究[D].北京：北京服装学院，2018.

[31] 傅美蓉.三寸金莲：博物馆语境下的他者文化景观[J].南开学报（哲学社会科学版），2014（6）：57.

[32] 东方尔.万般风情足下生[J].收藏界，2002（1）：80.

[33] 赵华.日用故事八则[J].装饰，2011（2）：34.

[34] 刘大玮，王亚蓉.浙江黄岩南宋赵伯澐墓出土环编足衣的技术考释[J].南方文物，2019（2）：243-246.

晚清"大拉翅"的结构研究与3D仿真复原[1]

李华文[2]，苏日娜[3]

  摘要："大拉翅"是晚清满族妇女代表性的发式，但目前对"大拉翅"的研究多集中于形制的描述，对其结构未深入研究，正确的制作方式更是未知。本文基于实物与文献互证的研究方法，首先对晚清传世的"大拉翅"实物做数据测绘采集，然后通过CT透视照的方式对"大拉翅"的结构深入考证，旗头板是把面料在铁丝盘绕、点焊撖成的翅冠形的骨架上折叠而成；旗头座由大小不一的梯形状裁片组成；最后把数据信息导入犀牛与KeyShot等3D建模软件进行仿真复原，3D仿真复原的"大拉翅"的结构、工艺、材质及颜色与实物标本基本一致。本研究把传统服饰的研究与科技结合互证，不仅为传统服饰复原实践提供样本参考，也可为建立传统服饰数据库提供数据信息支持。

  关键词：3D复原；大拉翅；结构研究；晚清

  头饰是一种历史文化现象，在错综复杂的历史发展过程中，各民族头饰，一方面，呼顺自然承继先人遗俗，表现出本民族的文化特征；另一方面，由于受到外部文化的影响和冲击，不可避免地产生变异，因此表现出历史发展的时代特征[1]。发式是头饰的一个重要组成部分，"大拉翅"作为满族已婚妇女最具特色的发式之一，其外观发展经

---

[1] 本文为2019年度国家社会科学基金重大项目"中国古代北方多民族服饰文化融合及中华文化认同实证研究"（项目批准号：19ZDA183）阶段性成果。
[2] 李华文，中央民族大学博士研究生。研究方向为民族服饰结构与工艺研究。
[3] 苏日娜，通讯作者，中央民族大学教授，博士生导师，研究方向为民俗学、民族服饰文化。

历了从小到大、由繁至简的过程，成为晚清满族服饰标志性符号，也是多民族文化融合与发展的物质呈现。学术界在研究清代满服饰的形制发展与特征时，发式一般是不可回避的内容。现有关满清发式的介绍性资料居多，分析研究性专著甚少，特别是具有代表性的大拉翅。满懿[2]、曾慧[3]、孙彦贞[4]等学者在服饰史专著中皆设章节对其阐述，研究内容主要基于文献与影像资料对"大拉翅"进行外观造型和表面装饰分析，只看其表象，不知其内里，缺乏对内部结构与制作工艺深入系统的研究与剖析；同时，因传统艺术大多是长期经验的累积，主要靠口传心记、言传身教传承，田野考察也仅获得口述的制作过程并无明确的数据信息与制作过程样本，为复原传承带来相当大的阻碍。由此，实物信息采集测绘与结构剖析研究成为关键。笔者有幸得到清代满族服饰收藏者王小潇先生提供晚清满族"大拉翅"实物标本为其系统研究。因此，本文以结构与工艺为切入点，通过对实物标本"大拉翅"全面而深入的信息采集、测绘和结构图复原，在此基础上进行客观工艺数据整理和结构形态的复原，并结合3D仿真复原技术，呈现"大拉翅"完整的结构样貌，希望其对满族传统服饰文化研究的进一步完善和纵深发展具有参考价值。

一、晚清满族大拉翅概述

发式是一定历史时期里物质和文化的重要标志，也是人类特有的文化现象。满族女子发式作为民俗物象的重要组成部分，其发挥着重要的社会功能、宗教功能，审美功能和象征功能[5]。满族女子发式因年龄、婚姻、部族不同而有所改变，幼年时期，因学骑射，男女童发式一致，皆为"马盖子头"；成年待嫁开始蓄发，或梳单辫，谓之"留发"；婚后要将辫发改梳成挽髻，称"上头"；髻的样式和名称有很多，如"两把头""两板头"和"大拉翅"等[6]。其中以"大拉翅"较为典型，流行于清晚期，适用于满族上层妇女和后宫嫔妃，普通人家只在结婚时才梳就此发式。"大拉翅"是满族人将原始文化与汉族、蒙古族等不同民族文化相融合与发展的物质呈现，它作为头饰，既是日常之物，也是仪式之物，它既是商品，也是礼物[7]。"大拉翅"为蒙古语的音译，为翅膀之意[8]，因在北京流行又称"大京样""老样子"等。它的梳就方式经历了由真发两把头、到真假发（线缇）两板头的缠发，再到冠式结构的演变[9]，其造型位置由紧贴头的顶部，发尾下垂到两板头发尾扬起而趋于平直，最后固定为"大拉翅"高耸在头顶端的形态。发髻不仅朝着垂直方向发展且两翼的面积也越来越大更趋向于鹰翅，从最初满族遗存的实用型式样变化为越来越复杂的装饰型式样（图1）。

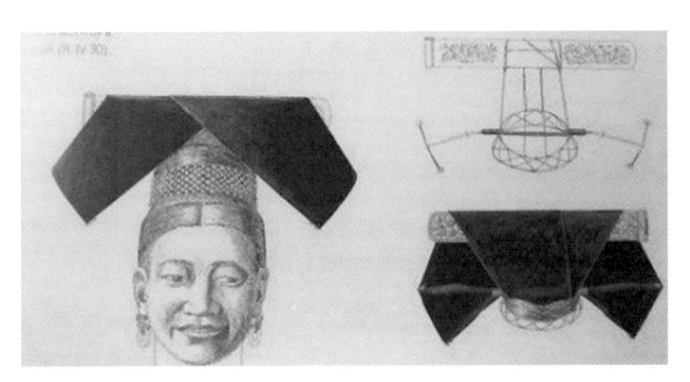

图1　真假发大拉翅及其骨架结构（来源：马尔塔《蒙古饰物》[8]）

光绪后期美国女画家凯瑟琳·卡尔（Katharine Carl，1865—1938）在美国驻华公使康格夫人莎拉·康格（Sarah Pike Conger）推荐下，进宫为慈禧太后绘制了四幅肖像画，并留下文字记录，她在《禁苑黄昏》一书中写道："从前拥有一头秀发的满族贵妇人都通过一枚金、玉或珵瑁的簪子（扁方），把自己的头发再从这发髻引出来，挽成一个大大的蝴蝶结，皇太后和宫廷女官们用缎子取代了头发，这样较为方便，也不容易乱；她们的头发光滑得像缎子一样，头发结束而续之以缎子的地方会很难看出来，发髻周围绕着一串珠子，正中是一颗硕大的火珠（东珠），蝴蝶结两旁是簇簇的鲜花和许多首饰，头饰右方悬挂着一挂八串漂亮珍珠组成的璎珞，一直垂到肩上。"[10]根据标本结合图像文献研究，大拉翅形状近似扇形是一种扁型头冠，外观形状模仿鹰的翅膀，宽窄近肩，高约一尺（约30厘米）。制作"大拉翅"的时候首先制作内部的骨架，要由铁丝或铜丝折成；其次做袼褙，"袼褙指的是骨架上用褙糊粘起来的多层布围裹的帽胎；最后，利用青绒布、青索缎或青直径纱等面料包裹，制成鹰翅膀状旗头板。满俗需在双翅膀上缠发，实为'两把头'遗留"[9]。以冠式结构呈现，类似于现代的假发套，制作过程较两把头和架子头更为复杂。通过对标本的信息采集、测绘和结构图复原，"大拉翅"有旗头板、旗头座和骨架三个基本构件：旗头板袼褙的折叠方式是模仿两把头缠头方式发展而来，裁成类似于现代领带形状的左右对称的裁片，旗头座由裁成的座身和座箍组成，骨架是用铁丝通过盘绕、点焊等工艺揻成翅冠型，工艺过程主要表现在从"缠发"到"折布成器"的技艺。

《清会典》载："满八旗贵族妇女平日梳旗头，穿朝服时戴朝服冠，穿吉服时戴吉服冠或戴钿子，穿便服或常服时戴大拉翅"[3]。晚清大拉翅从两把头分离出来成为独立的帽冠，因此相对女朝冠及女吉服冠在形制与装饰组配上更显自由，上缀各种花卉及珠宝首饰，正中装饰彩色大绢花，称为"头花"或"端花"，在旗头板右下角挂流苏，旗头板的后面横插扁方，脑后佩戴燕尾。通过对标本研究与图像文献考证，定型后的大拉翅可分为两种形制，前者为旗头板与旗头座齐平，后者为旗头板下端低于旗头座，通过考证后发现后者诞生的时间更晚。通过对标本的信息采集、测绘和CT骨架透视图显示，前者骨架结构稳固，在两侧焊接挂钩，横插扁方，旗头板需借助扁方来保持横梁平横；后者骨架逐渐简化，通过CT显示，扁方与骨架顶部用铁丝加以固定，扁方融入骨架结构，且无法拆卸，扁方的作用也从功能性转化成装饰符号（表1）。笔者认为这或许是受清晚期洋务运动的影响，西方的工业化生产模式也潜移默化地影响着匠铺的生产方式，造成产品的单一化，但它的结构、形制甚至装饰手法却没有脱离满族原生的文化之因。

表1 大拉翅的两种基本结构❶

序号	实物图	实物CT透视图	骨架及扁方线描绘制
标本1 纸胎点零大拉翅			
标本2 石青色绢花大拉翅			

---

❶ 来源：实物与CT照为台湾发簪博物馆藏，标本线稿为作者绘制。

二、大拉翅实物标本研究

1. 芍药花假发盔大拉翅形制饰配

芍药花假发盔大拉翅是收藏家王小潇先生的藏品,从标本的外观上看是一个呈扇状中空硬壳的冠,形制为假发盔大拉翅旗头板下角低于旗头座,是清晚期两个代表性样本之一。标本内部是以铁丝制成的骨架,从藏品外观上看,由上旗头板、中旗头座和下假发盔三个部分构成。上部是旗头板,折叠方式是模仿两把头缠头方式发展而来,由制成的裥褶围裹制胎,外部用青绒缎包覆,收拢后末端以红绳系之折于后部。中部是旗头座,用青绒缎和数纱绣绣片围裹。下部是根据佩戴者头围尺寸来制作的假发盔。标本的装饰物在旗头板中分布着标准的头正花和压发花。头正花为芍药花,白芍药花也称"女真白",大拉翅上佩戴白芍药花是尊贵的象征、身份地位的标签。在满族神话传说《天宫大战》中:"天神被恶魔所抓,天鸟地兽相继死亡,在千钧一发之际,依尔哈女神(满族民间神话中的花神)化作一朵朵芳香四溢洁白的白芍药花。当恶魔们争抢着摘白芍药花时,花朵突然变成千万条光箭,射向恶魔的眼睛,恶魔痛得满地打滚,逃回了洞穴,因此满族人无论戴花、插花、贴窗花都喜欢白芍药花"[11]。可见芍药花在满俗中有护身符的意味。旗头板两侧的装饰物为"压发花",左侧为白玫瑰,右侧为栀子花也有寓意。旗头座的数纱绣绣片为满俗特色,但也渗透着汉俗传统。后板端部组配的镂空牡丹纹薄铜扁方也不是多见的饰物,因为扁方通常用铜板刻纹,笔者认为这或许暗示着晚清物资匮乏,但人们依旧追求表面也要硬挺的心态(图2)。

正视　　　　　　　　　　　背视

正视　　　　　　　　　　　　　　　背视

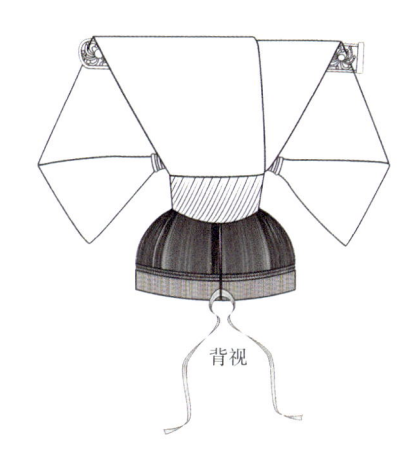

图2　芍药花假发盔大拉翅形制饰配（来源：标本为王小潇藏）

2. 芍药花假发盔大拉翅旗头板、旗头座测绘与结构复原

经测绘研究，该标本最大的结构特点是在旗头板、旗头座、骨架的基础之上增加了假发盔，正因如此形成晚清大拉翅有无假发套盔的两大形制，且有假发盔的旗头板会更大，时间也晚，但它们的结构没有改变。该旗头板裁剪也由a、b、c三个区域组成；旗头座由座身和座箍组成；骨架用不同粗细的铁丝摁成翅冠型；假发盔由马尾编织而成。旗头板采用面里同一材质青绒缎，制作时分别在里料和面料背面涂抹糨糊，在面料与里料之间覆上袼褙以增加旗头板的硬挺度，由于旗头板尺寸偏大，袼褙厚度增加，而不是改善骨架结构，因此该标本的骨架比旗头板和旗头座齐平的大拉翅简单就是这个道理（图3）。

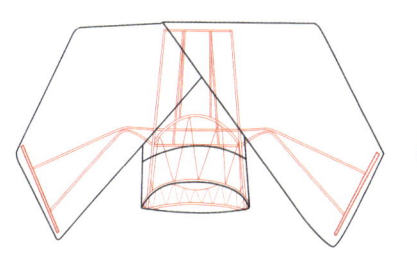

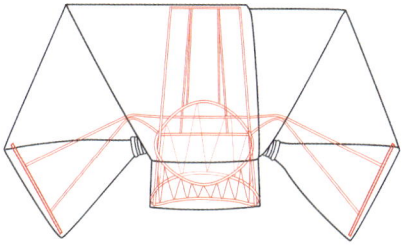

图3　芍药花假发盔大拉翅结构透视图

旗头板通过标本测绘复原出左片A，依据折痕显示A片由三个不同大小的四边形组成的多边形，分别为a′、b′、c′三个区域。a′区域为左片旗头板的后左部分，b′为前左翅部分，c′为内侧部分，底边显示的n′与座箍相缝合，l′为a′区域与b′区域的翻折线，m′为b′区域与c′区域的翻折线。旗头板的右片B同左片A一样都是由三个不同大小的四边形组成的多边形，记为a、b、c区域，底边n与座箍相缝合，a区域与b区域的翻折线为l，b区域与c区域的翻折线为m。旗头板左右片（A、B）纱向与l、l′平行，意味着它们都是利用斜丝裁剪方法（表2）。旗头板的左右裁片在结构上基本一致，只是在高度和宽度上存在技术差异，由测绘数据可得，面料左右片作缝1厘米，里料左右片作缝0.7厘米（图4）。

表2　芍药花假发盔大拉翅旗头板结构数据采集　　　　　　　　　　单位：厘米

位置	高度	宽度	n、n′	l、l′	m、m′
A（左片）	51.4	47.7	13.3	0	12.8
B（右片）	53.1	45.6	14	9.8	13

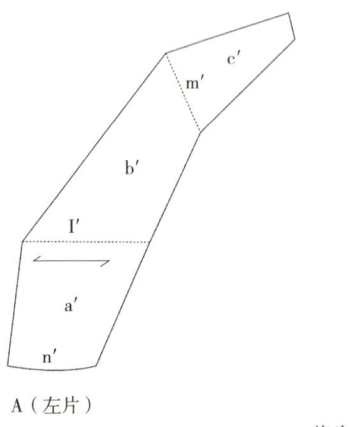

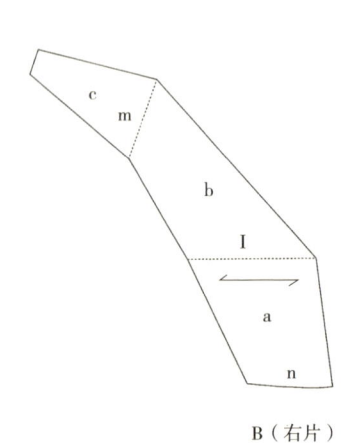

A（左片）　　　　　　　　　B（右片）

旗头板结构展开图

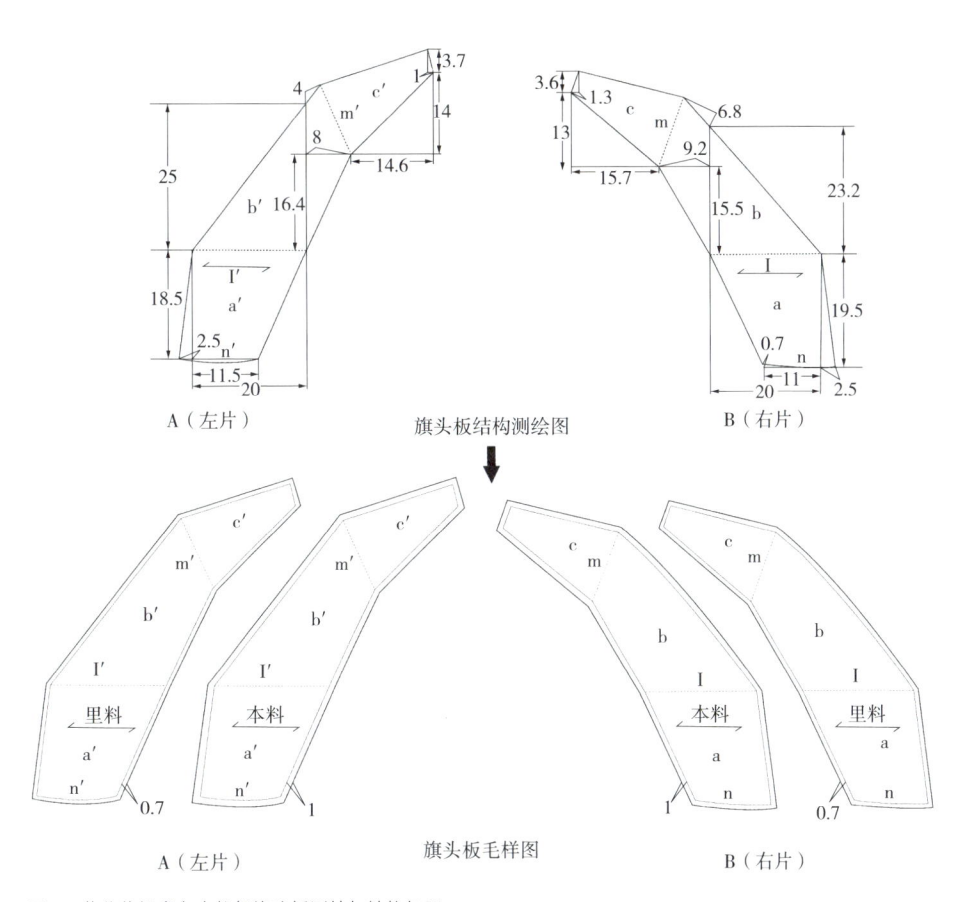

图4 芍药花假发盔大拉翅旗头板测绘与结构复原

旗头座是前片座身和一副座箍的组合结构，座身采用单层青绒缎覆在骨架上，座箍采用数纱绣绣片缚在座身青绒缎上，为了增加支撑硕大旗头板和装饰物的重量，骨架配合座身和座箍采用固网构造，同时座身的C片和座箍E片在制作时都要作刮糊处理，座身C片与座箍E片均为梯形，它们采用锁边缝缝合。假发盔呈半球型，上下各有一个圆形接口，上口与骨架底口、E片底边采用平针法缝合，下口是根据使用者头围而定（表3、图5）。

表3 芍药花假发盔大拉翅旗头座结构数据采集 单位：厘米

位置	上边长	下边长	高度
C（座身前片）	10	18	15.5
E（座箍）	38	34	6.5

款式图

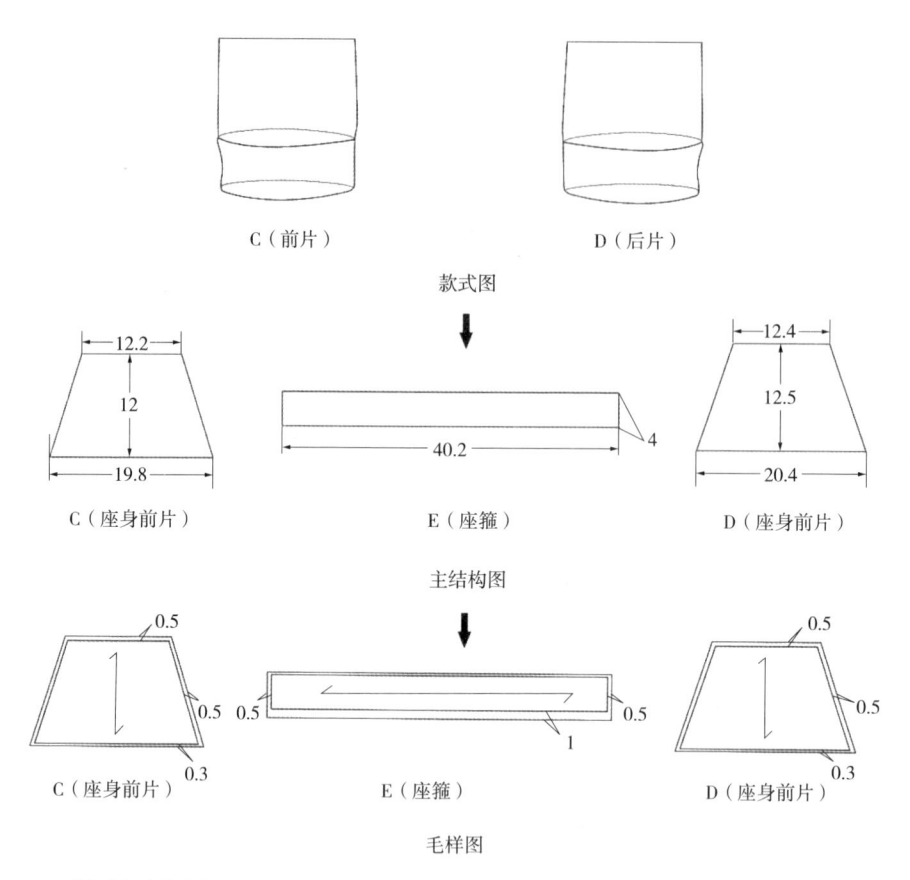

主结构图

毛样图

图5 芍药花假发盔大拉翅旗头座测绘与结构复原

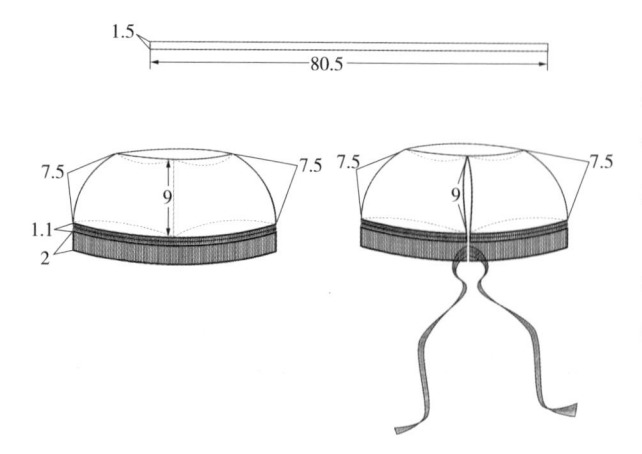

图6 假发盔"大拉翅"假发测绘与复原

假发盔的立体造型为贴合头型用马尾织的半球体，上边的小圆口与骨架、旗头座缝合，下边的大圆口用密集的编结封口，并留有开缝，通过连接的细带固定在头部（图6）。

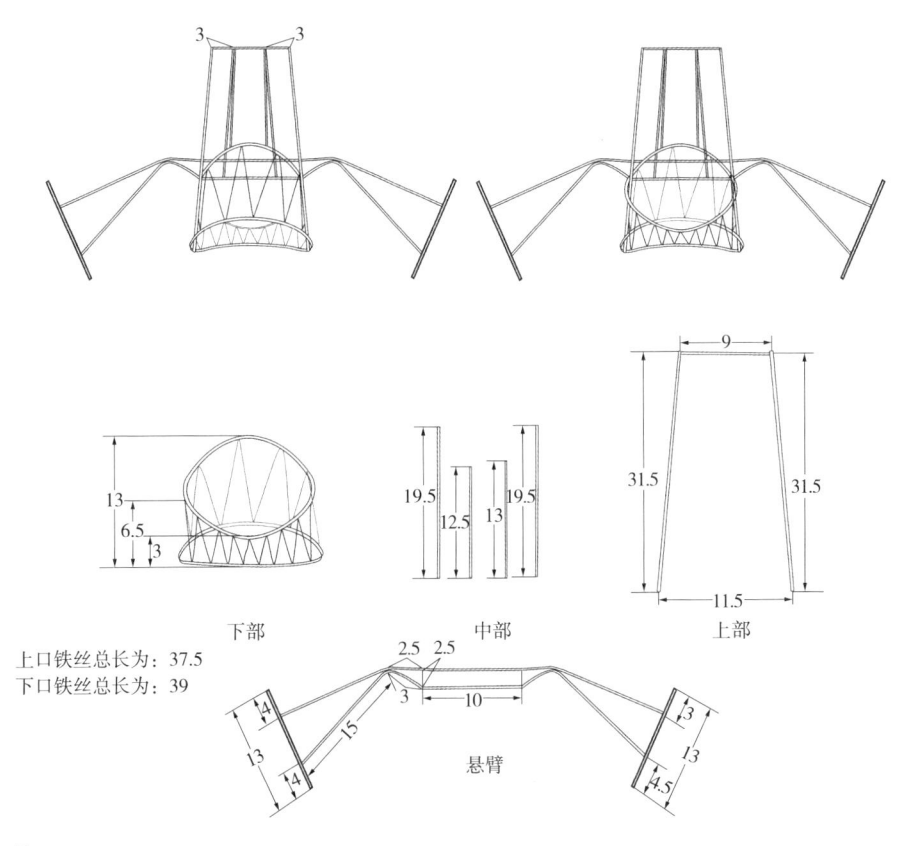

3. 芍药花假发盔大拉翅骨架测绘与结构复原

从标本的测绘与结构复原来看，标本的骨架结构由多根长短不一的铁丝通过盘绕、点焊和搣制工艺完成。骨架由下、中、上三个部分和两侧悬臂组成。下部为椭圆形基座，基座由两个碗口因椭圆环呈约60°角摆放由细铁丝盘绕成M形链界，双环大小是根据当时使用者的发箍尺寸搣制而成，环口直径约11.5厘米，双环近端的间距为3厘米，远端间距为13厘米，双环之间由铁丝以M形均匀缠绕，以点焊固定。为了增强整体骨架的承受力，前后中间由前两长、后两短四根铁丝支撑，前两长铁丝长19.5厘米，后两短铁丝长12.5厘米，通过点焊将前两侧铁丝下端与悬臂相连，后两侧铁丝与下部圆口上环线相连，四根铁丝上端会合再与横支架焊接成A字形。梯形结构铁丝两侧与双环焊接。骨架中部由横向贯穿旗头板的悬臂支撑，悬臂制成T形对称支架，T形支架长为15厘米，宽为13厘米，整个悬臂与骨架两侧焊接（图7）。

图7

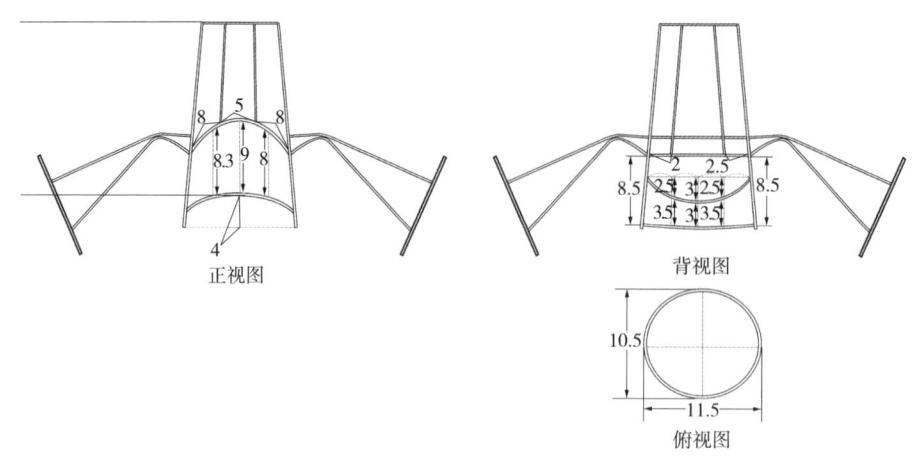

图7　芍药花假发盔大拉翅骨架测绘与结构复原

三、芍药花假发盔大拉翅3D模拟复原

"数字化虚拟3D技术是目前较为成熟的三维技术，广泛运用于多个领域。在服装与服饰领域的仿真项目于1990年开始，由瑞士MIRALab实验室投入研究"[12]，此后，服饰的3D软件陆续被开发运用。当今数字化技术的不断进步为文化保护提供了新的方向和技术上的支持，目前3D虚拟展示技术已日趋成熟且备受青睐，虚拟展示技术使得人们对古代服饰的认识，从传统的古籍查询、博物馆的二维平面观看方式到三维视觉、直观全面的方式改变，大大提高了古代服饰的可观性和传播性。结合当今不断发展的数字化技术，将晚期大拉翅以更加直观、全面、生动的方式呈现，可以起到更积极的保护和传承作用。通过使用犀牛建模软件（Rhinoceros）和KeyShot渲染软件相结合，对标本芍药花假发盔大拉翅所采集的旗头板、旗头座及骨架数据进行3D复原。

1. 3D复原软件选择与介绍

"犀牛软件（Rhinoceros）是由美国Robert McNeel公司于1998年推出的一款基于NURBS为主的三维建模软件"[13]，是最为先进的专业NURBS建模软件之一，拥有简洁的操作界面和强大的功能。"KeyShot是Luxion公司在2010年推出的一款高质量的专业3D模型渲染软件，是一个互动性的光线追踪与全域光渲染程序，渲染的速度飞快且效果逼真"[14]。由此，选择此款软件作为大拉翅3D建模复原的重要技术工具。

2. 大拉翅模型犀牛软件建模

运用3D软件建模，首先需要二维效果图的图像以及详细的数据，根据二维图像的信息导入软件中进行三维的建模模拟化。基于对芍药花假发盔大拉翅标本的数据采集、形象测绘和结构剖析，在犀牛软件进行大拉翅的三维建模，大拉翅根据外观与结构划分，主要是由旗头板、旗头座、骨架和假发盔四个部分组成。本3D模拟复原采用较为精确的方法，在犀牛软件应用背景图上进行建模。首先将提前绘制好的大拉翅的二维效果图运用Backgroundbitmap（导入背景图）命令把其置入相应的视图窗口中，分别为顶视、左视与前视三个视图角度，以其中一个视图窗口为参考标准进行比例以及位置调整，然后根据调整的位置在大拉翅图像边缘部分绘制参考线和基准线；根据此基准及参考线再去调整其他视图窗口，使用Curve曲线命令绘制出大拉翅旗头板、旗头座、骨架的主要轮廓线和构造线。

旗头板：旗头板侧边曲面由Sweep2（二路扫描）命令生成，旗头板上下覆盖面由Patch（修补）命令生成。

旗头座：旗头座表面纹理由Sweep2执行生成初样，然后使用Trim（剪切）命令修整其表面部分，最后把旗头座边界使用FilletEdge（边缘倒角）命令对其倒角。

假发盔：假发盔表面也由Sweep2命令生成，假发盔边界倒角运用FilletEdge完成。

骨架结构：骨架的主枝干部分由Sweep2、Trim和PolarArray（环形阵列）命令生成，骨架底部环形结构和主支撑结构由Extrudecurve（拉伸）、Loft（放样）、Join（组合）、Split（分裂）、BooleanDifference（布尔差集）等命令完成。待此模型的大致形态基本完成，使用ZebraAnalysis（斑马纹曲面检测）对大拉翅曲面流畅度进行检测。最后，对大拉翅的部分细节进行细化，并对模型进行曲面圆角和合并处理，最终模型效果如图8所示。

3. 大拉翅模型Keyshot材质仿真与渲染

大拉翅的初始建模完成后，材质仿真与渲染是模型更加真实的重要步骤。首先，把犀牛软件中的模型导入KeyShot中，导入三维模型后，第一步，打开材质库选择不同部位适配的材质进行实验，材质选择以标本作为参考依据，分为旗头板、旗头座、骨架和假发盔四个部分，旗头板材质选石青色青绒缎，旗头座材质选数纱绣绣片，骨

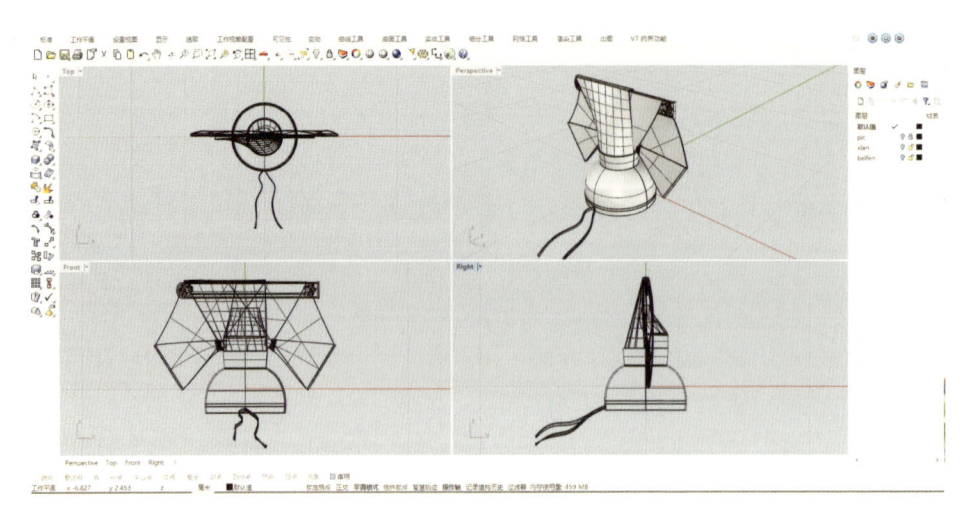

图8 犀牛软件"大拉翅"建模

架部分选铁丝材质，假发盔材质选假发或马尾材质；第二步，运用环境设置模式选择合适的HDRI贴图效果；第三步，为了更清晰地表现大拉翅细节，设置新的背景，采用目前产品渲染中普遍使用的纯白色场景，对比效果更加明显；第四步，调整模型在视图中的位置和角度；第五步，进行最后的渲染输出参数的设置，输出合适的格式，并将完成建模的大拉翅模型与实物大拉翅标本进行比较。从静态展示对比来看，其结构、工艺、材质及颜色与标本实物基本一致。因此利用犀牛软件和KeyShot制作模拟大拉翅实物的方法是可行的，可以为传统服饰的传承与发展提供新的思路（表4）。

表4 大拉翅3D骨架与外观

复原类型	正视	背视	俯视	侧视
本骨架复原				
标本外观复原				

四、结语

"大拉翅"是晚清满族服饰文化标志性的符号,它的演变从功用到世俗,从世俗到礼教,是多民族服饰文化融合与发展的物质呈现。通过对"大拉翅"标本的全面而深入的信息采集、测绘和结构图复原,并结合3D复原技术得出三个结论:①通过CT显示,骨架分为两种,一种骨架结构稳固,在两侧焊接挂钩,横插扁方,扁方可以自由更替;一种骨架逐渐简化,扁方与骨架顶部用铁丝加以固定,无法拆卸,由此扁方的作用也伴随骨架的简化由功能性转化成装饰符号。②大拉翅的形制与结构是由旗头板、旗头座和骨架组成,旗头板褶裥的折叠方式为两把头缠头方式的演变发展,裁成类似于现代领带形状左右对称的裁片;两幅梯形裁片构成了旗头座;铁丝点焊、盘绕等工艺形成翅状骨架结构。③利用犀牛建模软件和KeyShot渲染技术与传统民族服饰相结合,进行大拉翅3D仿真复原,复原效果的结构、工艺、材质及颜色与实物标本基本一致。由此,将晚期大拉翅以更加直观、全面、生动的方式呈现,不仅为满族传统服饰文化研究保护形式扩宽思路,在满族服饰文化保护与传承层面也有一定的实用价值,更是一次传统服饰文化研究领域与科学技术相融合的有益实践和尝试。

参考文献:

[1] 苏日娜.蒙元时期的头饰[J].中央民族大学学报(哲学社会科学版),2008,35(4).

[2] 满懿.旗装奕服:满族服饰艺术[M].北京:人民美术出版社,2013.

[3] 曾慧.满族服饰文化研究[M].沈阳:辽宁民族出版社,2010.

[4] 孙彦贞.清代女性服饰文化研究[M].上海:上海古籍出版社,2008.

[5] 孙文娜,吴素敏.中国发式文化的社会功能[J].沂州师范学院学报,2008,24(1):2.

[6] 林乾,韩耀旗.清代满族风情[M].长春:吉林文史出版社,1990.

[7] 朱荔丽,苏日娜.蒙古族女性头饰文化研究[J].包装工程,2020,41(16):8.

[8] 马尔塔.蒙古饰物[M].呼伦贝尔:内蒙古文化出版社,1994.

[9] 李华文,刘瑞璞.从发式到冠式:大拉翅的标本研究及形制分析[J].装饰,2019

（10）：3.

[10] 凯瑟琳·卡尔. 禁苑黄昏：一个美国女画师眼中的西太后[M]. 上海：百家出版社，2001.

[11] 王宏刚. 满族与萨满教[M]. 北京：中央民族大学出版社，2002.

[12] 林聪瑾. 中国古代乐舞服饰形制及数字化复原研究[D]. 杭州：浙江理工大学，2019.

[13] 任璆，戈宏飞. 三维建模 Rhinoceros（犀牛）软件在幕墙设计中的应用[J]. 机电工程技术，2012，41（7）：4.

[14] 段伟. Rhino 结合 KeyShot 在产品设计中的应用[J]. 数字技术与应用，2012（10）：1.

清代外销玻璃油画中人物服饰在中西文化交流中的影响研究

马桂纯[1]

摘要：18世纪中期，受清政府一口通商政策的影响，海外来华商船与旅行者大量聚集于当时唯一开放的通商口岸广州，广州十三行在进行域外商业贸易的同时也促使中国与欧洲的文化交流更加频繁。而玻璃油画，是这一时期外销艺术品中特殊的一类，欧洲人也可以从外销玻璃油画中窥得中国社会生活的风貌，而定制外销玻璃油画中的人物服饰也因西方的审美趣味呈现着杂糅的意蕴文化。本文以外销玻璃油画中的女性人物服饰作为切入点，试图阐释玻璃油画中所反映的中西方文化交流情况，并探讨其服饰所折射出的中西文化交流中的影响。

关键词：清代外销画；玻璃油画；人物服饰

玻璃油画是中西方交流的重要见证物。明清时期，伴随着航海技术的发展，地理大时代来临，各个国家的联系变得紧密，中西方文化与商业的交流也日趋频繁。至清代，广州十三行已经成为中西方贸易往来与文化交流的重要口岸，来华商人不断为国内带来新的技术、文化产物，与中国的地方文化结合之后又带来了新的产业，中国本土的商品源源不断地销往国外，也促成了中西方文化的交流并带来了双向的影响。

---

[1] 马桂纯，苏州大学艺术学院博士研究生。

一、广州十三行与外销玻璃油画

广州十三行设立于康熙二十四年（1685年），是开放海禁后清政府设立的对外贸易的专业商行。广州十三行原属牙行性质，是用来经营进口海外货物以及出口国内商品的中介贸易商行，后逐渐扩大权限，在拥有对外贸易的特权的同时还代表清政府管理海外商人以及进出口的货物税款等。粤海关有着严谨的管理程序以及组织网络：获准贸易、检查和丈量船只、装货和卸货、复杂的通关结构和控制手段，所有这些措施都有助于使整个贸易标准化，同时促使贸易顺利进行[1]。因而，基于广州当地优越的港口条件，以及广州商人和官员在谈判和贸易管理方面的优势，外国商人更加愿意聚集于广州，加之为了便于控制和管理外国人，清政府也更加愿意把贸易中心集中在广州地区。所以，在地理、人文以及政治等因素的推动之下，至18世纪，广州地区已经成为中国的外贸中心，是清中期最重要的通商口岸，也是中西方政治、经济和文化交流的中心。

18世纪中期是广州十三行兴盛与声名远扬的时期，清代广州的外销工艺品中就常以广州十三行作为绘画题材，在如今现存的清代外销画、瓷器、漆器上的装饰图案都可见（图1）。中西方之间的文化交流与贸易往来日益密切。"中国风""中国热"在欧洲掀起一股热潮，促使来华的欧洲商人越加大量采购中国的丝绸、茶叶、瓷器、外销

图1 《外国画家绘十三行》（约1855年，原作藏于广东省博物馆）

画、漆器等商品。从中国漂洋来到欧洲的商品让当地人着迷，对当时的欧洲人而言，拥有来自东方的艺术品，是其身份和地位的象征。中国风深刻地影响了西方地区的艺术以及时尚风向，并且前后持续了一百余年之久，欧洲宫廷贵族也多以拥有一座中式建筑为傲，法国舒瓦瑟尔公爵私人庄园所建尚特卢城堡中的中式宝塔就是在这股风潮推动下的建筑。

此前关于广州十三行外销贸易的研究多集中在丝绸、茶叶以及瓷器等商品之上，对外销画中的玻璃油画这一特殊的艺术品类鲜有提及。玻璃这一材质可以追溯到13世纪的意大利，而将其应用于绘画则见于15世纪的意大利装饰欧洲传统教堂建筑，随着平板玻璃制作技术的发明与改进，玻璃画迅速发展并在欧洲各国传播，逐渐用于家居等装饰上。外销玻璃画有两种，一种跟一般画作一样，在玻璃正面绘制完成，技术比较简单；另一种则比较特别，它在玻璃背面完成，而在正面可以清晰地看见，被称为背画（Back Painting）[2]。中国本土并非没有玻璃，玻璃在中国有着悠久的生产历史，而且最迟于周代初期我国已有玻璃生产的历史记载[3]，但中国传统的玻璃因受到制作技术的限制，其材料与清晰度不宜直接作为油画的承载物，因而清代外销玻璃油画所使用的材料最初仍大量依赖于西方的传入，尤其是明清时期入华的西洋传教士。在中西方的交流往来过程中，欧洲人逐渐意识到玻璃工艺品作为礼品在外交场合的重要性。玻璃制品成为东西方政治、经济以及文化交流的重要媒介，玻璃工艺品时常作为外交礼物进献给中国皇帝，玻璃画很可能就是在这个时候随着其他玻璃制品被传教士一起传入中国的。根据记载，1595年利玛窦（Matteo Ricci）献给万历皇帝的礼物中就包含了两枚玻璃三棱镜。清康熙皇帝和雍正皇帝都对玻璃工艺制品十分青睐，在康熙皇帝的授意下，1696年成立了玻璃厂，并交由传教士纪理安（Kilian Stumpf）主持生产，为之后外销玻璃画的发展奠定了一定的技术基础。根据记载，19世纪广州十三行的靖远街和同文街附近就有数千名外销画师，庞大的订单需求促使着广州地区的玻璃外销画产业逐渐成熟。

总的来说，早期的清代外销玻璃画的材料一部分来自英国，玻璃或玻璃镜子从英国制造商处被运往广州地区，经由广州十三行这一重要枢纽的中转，广州当地画师绘制之后又传回英国人的手中，并被用于装饰上流社会的室内空间，也带来了跨文化的交流。

二、亦中亦西的定制肖像画

外销画的历史是先由西方审美影响中国艺术品生产，再作为外销商品输入到西方又影响了西方艺术的典型跨文化现象。在大量的外销画订单中，定制外销画是欧洲人审美取向的重要体现，也是外销文化研究中其中较为重要的一部分。在"中国风"热潮的推动下，带有中国风情的任何商品对欧洲人来说都有着极大的吸引力，而在这之中，有一批热切地追捧中国风尚却无法亲自来到中国的欧洲人，则会委托西洋商人向中国广州地区的外销画画师下定制外销画的订单，通过定制肖像画在雇主以及画工的共同协作下，构成一个本不存在的亦中亦西的场景，因而也形成了外销玻璃画中的一个重要题材——牧羊女。

以广东省博物馆藏的《牧羊女图》（图2）为例，这是外销玻璃油画艺术品的典型代表。《牧羊女图》展现的是一幅女性田野游乐的生活场景。画面由中心坐在岩石上的牧羊女、旁边的牧羊小童、一对母子羊以及树后的探出半个身子的满大人共同构成，带有强烈的中国风情。画面中心的女子梳着中分人字刘海，佩戴金镶红玛瑙水滴状耳坠和金手镯，身上着"中式服装"但却与清代满族长袍并不完全相同，该人物与清代宫廷女子的装扮十分类似，但仔细琢磨，却又会发现奇巧之处。首先，在这套类中式服装之下，牧羊女却有着西方人的典型深邃五官：大眼睛、欧式双眼皮、高山根。此外，她

图2 《牧羊女图》玻璃镜画（约1760年，原作藏于广东省博物馆）

头戴的帽子为欧式头巾式环耳帽（Round Eared Cap），肩披方形巾帕（Handkerchief），这普遍被认为是18世纪英国乡村女性劳动时的日常装束。这是一幅杂糅了中国"贵妇人"和西方"牧羊女"形象的绘画作品，在一定程度上呈现了此类玻璃画的购买者——18世纪英国中上层社会女性迎合当时"回归田园"的风潮。[4]整个画面杂糅了中国与西方的装饰元素，以中式的场景表达西方上层社会女性的田园追求，呈现出"亦中亦西"的幻境。

此外，美国皮博迪·埃塞克斯博物馆馆藏的《清西洋母女玻璃画》（图3）也是类似的定制玻璃油画。这是英国人亨利·李维尔（Herny Revell）为其妻子和女儿定制的肖像画，在雇主的定制要求之下，同样描绘了着中式服装的西洋女性形象，其画面的构成与广东省博物馆所藏的《牧羊女图》十分相似，同时画面中的女性形象也可以在中国传统绘画中找到。显然，此类图示极大地迎合了欧洲买家的喜好，并受到了一类固定消费者的欢迎，因而成为该时期玻璃画常见题材。可以说，这类中西杂糅的园中游乐图式风格不是一个孤例，也不是画师的偶然所为，而是迎合一类固定的顾客群体，即18世纪英国中上层女性审美需求所打造的一个中西文化相结合的想象空间。

这是一个由画师着笔在玻璃油画之中构建出来的介乎东方与西方、真实与想象的视觉空间。当这样的玻璃油画被装饰在一个欧洲上层社会女性的闺房之中，我们似乎可以窥得肖像作品主人的内心世界中对东方风情的向往。

18世纪中叶以后，来样订货成为外销商品生产的主要模式，以"牧羊女"题材为代表的外销玻璃油画商品因其中西合璧的独特风格深受欧美市场喜爱。而这类图像中值得我们去深入探究的元素，正是人物的身上杂糅了中西元素的服饰。18世纪，戴着神

图3 《清西洋母女玻璃画》局部（美国皮博迪·埃塞克斯博物馆藏）

秘面纱的中国让欧洲人着迷，欧洲人根据一些介绍东方的著作而构建了一个幻想中的中国社会。一方面出于显示其身份地位的"炫耀性消费"的需要，另一方面则出于对中国文化的向往，所以有一批拥有着大量财富的欧洲上层阶级人士向中国下了昂贵的定制外销画订单，让广州的外销画工再现其想象中的中式田园生活场景。玻璃画与女性之间存在一种微妙的亲密关系，由于它的镜像效果，在表现女性题材时更为缠绵蕴藉，当观看者闲步其中，与画中女性目光相接时，仿佛是一次跨时空的相遇[4]。就其图像内容和使用途径而言，绘制女性形象的玻璃油画被装饰在欧洲室内之中也是其装饰空间主人精神形象的外化。外销玻璃油画为欧洲人搭建了一个实现其向往的媒介，其中一个重要的元素就是人物服饰。画面中以人物服饰为代表的中式元素可以被视为中国符号的象征，人物身上的服饰中折射出来的，是画中人物的内心世界对东方风情的向往，而画中人物身上的服饰，则体现了他们对中国文化的向往与想象，实现了欧洲人在一个想象的绘画世界中与中国文化的会面。

三、外销玻璃油画中的"模件化"特征

外销玻璃油画除了定制类题材的女性游园图，还有数量更为庞大的仕女题材。仕女题材的外销玻璃油画中，中国文化意味更加强烈，而脱开了定制需求，其"模件化"（Module Production）特征也更为强烈。而这一现象的背后，值得我们关注的是一类鲜少被注意到的群体，即外销玻璃油画的画工。前文已述，正是因为有着广州地区这一大批的外销玻璃油画的画工，外销贸易的订单才得以达成。不同于清代宫廷画师的培养模式，外销画的画工一般并没有深厚的绘画素养，而庞大的外销画订单却促使这个群体需要快速且大量地绘制画作，为了适应这一生产需求，外销玻璃油画的图示逐渐呈现出"模件化"趋势。模件化这一概念最早由著名德国汉学家雷德侯（Lothar Ledderose）在其著作《万物——中国艺术中的模件化和规模化生产》中提出，是对中国艺术多个领域普遍存在的一种技术性因素的洞见，显而易见，这一概念现象同样适用于外销玻璃油画，尤其是仕女类的外销玻璃油画的生产。

与定制肖像画不同，以仕女为主要题材的人物玻璃油画，为了满足大量订单的需求以及更迎合西方人的审美，在人物服装、发簪、钗饰的构成上呈现出了更加高度的模件化。此前，已有学者探究并认为广州外销艺术品中的中国女性图像大多非常相似，从五

官表情、动作神态到服饰妆发,似乎都在遵循某种式样或程式化的设计而制作。[5]以广州十三行博物馆所藏的一对《仕女图》为例,这对仕女从发髻、钗饰、簪花、耳饰都成对出现,服装样式也趋于一致。其姿态亦相仿,均为弯眉小口,一托腮拈花,一手持茶杯,呈现出中国明清以来常见的仕女图造型(图4)。似乎是为了更好地符合西方人眼中对东方女性的审美并且强化画面的中国艺术特征,玻璃油画中的女性形象总是以四分之三侧脸描绘出柳眉微蹙的忧愁形象。外销玻璃油画的画工在绘制仕女游园图景或坐像之时大量地借鉴了中国传统绘画中女性形象的图式,并提炼出一个适合多种场景的固定范式,这类带着异域文化特征的忧郁的女性形象能够让西方人体会到画面中的中国女性风情,并对其所传达的情感产生共鸣。值得注意的一点是,外销玻璃油画的绘制并不是单纯且机械的"模件化",有一些画师会根据材料改变画面的呈现,比如把画面中的天空或湖面的部分替换成平板玻璃镜面的光泽,或是在原画基础上增添一些吉祥图案以增加玻璃油画的审美趣味,呈现出异域风情以迎合外国商人的喜好,也使得外销玻璃油画不仅仅是机械化的流水线产品,显现出深刻的中国文化意味。

图4 《仕女图》(玻璃背向油彩,33厘米×22厘米,19世纪,原作藏于广州十三行博物馆)

在外销玻璃油画女性形象及其服饰的分析当中，我们可以看到订单雇主、外销画画工，即该工艺品拥有者与创作主体共同协作之下的画面。因为广州外销画画师毕竟不是接受了系统训练的专业画师，并且为了满足大量外销订单的需要，外销玻璃油画中的女性形象不可能具有很强的独特性，而是遵循程式化、模件化进行的流水线生产，其图式很大程度上借鉴了中国传统绘画中的女性形象，但同时也保留了一定的个性化特征。

四、结论

清代外销玻璃油画的发展脉络是多重的。玻璃这一物质载体来自西方，其图形的呈现却来自中国画师的创作，玻璃油画本身承载着多重的中西方杂糅文化，而其中的人物服饰，则更是中西文化碰撞的直观反映。在针对外销玻璃油画的分析中，我们可以看到来自西方的外销画消费者对中国社会的向往与追求，其内心世界最终外化于外销画工笔下的具有模件画特征的玻璃油画之中，而其中具有多种意味的，正是其亦中亦西的人物服饰。正是在中西方的双向推动下，玻璃油画在中国得以大放异彩，在海外也受到欧洲贵族的青睐，也正是玻璃油画当中的人物服饰，作为一种独特的文化符号，促进了中西方的文化交流。

参考文献：

[1] 范岱克. 广州贸易：中国沿海的生活与事业（1700—1845）[M]. 江滢河，黄超，译. 北京：社会科学文献出版社，2018.

[2] 蔡鸿生. 广州与海洋文明[M]. 广州：中山大学出版社，2018.

[3] 杨伯达. 西周玻璃的初步研究[J]. 故宫博物院院刊，1980（2）：14-24.

[4] 刘希言，郑伊看. 闲步观妆：18—19世纪的中国平板玻璃画[M]. 上海：上海书画出版社，2021.

[5] 刘颖颖. 18—19世纪广州外销艺术品中的女性图像浅析[J]. 中国民族博览，2021（6）：153-158，177.

摇曳生辉的马面裙
——清华大学艺术博物馆藏马面裙撷英

高文静[1]

摘要：马面裙是中国传统主要裙式之一，定型于明代，兴盛于清代。裙式多为两片式，前后左右共有四个裙门，两两重合，其外裙门装饰尤为华美，纹样丰富、工艺多样，极具研究价值，尤其是清代的马面裙，出现了百褶、鱼鳞等样式，并极重视马面部分的装饰，常用刺绣手法点缀，使其绚丽多姿，引人注目。本文将对清华艺博馆藏精品马面裙进行分析详解，力图呈现出馆藏马面裙精品概貌及华美风姿。

关键词：马面裙；月华裙；阑干裙；凤尾裙；鱼鳞裙

清华大学艺术博物馆馆藏马面裙32件，其中清代23件，清末民初6件，民国3件。按照马面裙的形制，大致可分为阑干裙15件、月华裙2件、鱼鳞裙9件、凤尾裙6件。马面裙腰头部分的色彩，也值得引起我们的关注。包铭新先生提到过马面裙腰部分多用白色，取"白头偕老"之意。从清华艺博馆藏的马面裙头颜色也可看出，确实白色的裙头使用比较多，有18件，同时也有其他色系的马面裙头，如：红色系4件，蓝色9件，灰色1件。马面裙头部分的材料选用一般为棉布、亚麻布，因对围系之裙而言，腰头采用此料摩擦力大，不易滑落且更耐磨。清华艺博馆藏马面裙的马面部分极为精致华美，其采用盘金、平金、打籽、套针、锁绣等绣法绣制而成，纹饰多样，如"花卉水果纹""龙凤禽鸟纹""庭院人物纹""素暗花纹"等。

---

[1] 高文静，女，陕西咸阳人，硕士，博物馆馆员，研究方向为传统织绣实物研究。

一、月华裙

何谓月华裙？清初李渔在《闲情偶寄》中提到："一裥之中，五色俱备，犹皎洁月之现华光也。"[1]叶梦珠也在《阅世编》记载道："有十幅者，腰间各褶用一色，色皆淡雅，前后正幅，轻描细绘，风动色如月华，飘扬绚烂，因以为名。然守礼之家，亦不甚效之。"[2]从这两段文字描述中，我们可以得知月华裙的特征，即褶裥的颜色绚烂，就如同皎月之华光，故名"月华裙"。月华裙自明末清初便出现了，但叶梦珠提到"守礼之家，亦不甚效之。"而李渔也曾说道月华裙的制作工序烦琐十倍于常裙，且盖体之裙色宜纯不宜杂。可见两者对于月华裙制作所耗费的人工物料、形制色彩均有看法：一是认为色彩过多有轻浮之感，二是人工费及手工费是普通裙装的十倍。由此可见，月华裙在最初出现的时候，人们对其并不认同。直至康熙年间时，月华裙逐渐得到人们的认可，谓之为"吴门新式"，大家闺秀、小家碧玉均可穿着，月华裙开始逐步演变成为苏州的潮流服饰。"新式"二字也体现出清代苏州女子勇于追求新奇多变的着装效果。

清华艺博馆所藏一月华裙为阑干裙样式，一为鱼鳞裙样式。此裙名为"多色暗花缎盘金打籽绣人物庭院纹阑干月华裙"（图1）。形制与阑干裙相同，属于两者的结合。此裙为两片式裙，裙腰部分以深蓝色棉布制作而成，裙头带扣襻及纽襻，应是采用系带形式固定的。前裙门与后裙门均以大红色暗花绸为地，马面部分以盘金绣、打籽绣、平针绣等绣法绣人物庭院纹，裙两侧以多彩绸拼缝而成，呈现出三角形，上窄而下阔。裙子所用色彩丰富，有粉、浅蓝、红、紫、月白、水红、深蓝、黄色，并在绸地上起亮花，花卉纹饰为佛八宝，寓意吉利。裙两侧一并镶嵌有玄青色阑干边30条，阑干边不仅可以起到遮挡拼缝的作用，还可以加固拼缝处，其简约的色泽与丝光走向和绚丽的暗花缎形成鲜明对比，形成独特的装饰元素，显得尤为华美绚丽。

图1 多色暗花缎盘金打籽绣人物庭院纹阑干月华裙（清，身长96厘米，腰宽38厘米，下摆宽106厘米，清华大学艺术博物馆藏）

另一件月华裙为"多色暗花缎戗针绣孔雀开屏纹鱼鳞月华裙"（图2），从裙子形制可以看出，这是一件鱼鳞马面裙的形制，两片式裙，裙头部分用白色棉布制作而成，带有纽襻，系带穿着。裙两侧打细密的褶，每褶间隔2~3厘米又以纤细的同色线牵缀，轻扯便呈现出如鱼鳞片般的形状，故名"鱼鳞裙"。裙两侧褶的色彩，采用了月白、黄、粉、绿、米白、紫色这六种颜色，每侧裙褶的色彩变化为十种，和叶梦珠所描绘的色彩淡雅，腰间一边十褶，每褶各用一色，风动色如月华之裙极相似。但是因为鱼鳞裙流行的时间较晚，可以看出此裙的制作者应是受到了清初月华裙形制色彩的影响，它与明末清初流行的月华裙有传承发展关联。

图2 多色暗花缎戗针绣孔雀开屏纹鱼鳞月华裙（清，身长104厘米，下摆88厘米，腰49厘米，清华大学艺术博物馆藏）

对比两件馆藏月华裙，不仅形制有差异，其马面部分的装饰也不同。阑干月华裙马面装饰得更为精美，在前后裙门的膝盖处，均制有如意云头式样装饰，引导人们将视觉中心集中在裙子精美的马面部分，不仅丰富了裙子的装饰语言，还将重心巧妙地移至马面处。鱼鳞月华裙裙面部分的装饰纹样为孔雀开屏，这是典型的粤绣装饰题材，营造出和谐有序的自然景象。裙两侧处在打褶处牵缀成鱼鳞状。裙子在华彩皆备的情况下，于褶上再施刺绣点缀。以粉、紫、绿、黄等色彩绣制出牡丹花与海棠花，寓意"满堂富贵"，可见制作者的用心之处。从裙形来看，阑干月华裙偏"A"形，鱼鳞月华裙偏"H"形，其原因是阑干裙上部收得更紧，每褶间以三角形状进行拼缝，而鱼鳞月华裙每褶造型为梯形，故而阑干月华裙的下摆显得更为宽阔。

二、阑干裙与玉裙

"阑干裙"也被称作"侧褶裙"。所谓阑干即裙两胁处镶饰有花边，花边形状类似栏杆，故名"阑干裙"。清代马面裙很流行此种装饰，如这件"酱色缎地三蓝绣侧褶裙"（图3）。此裙以酱色缎为地，裙头部分采用蓝色棉布制作而成，为一片式裙头。裙两胁各饰有五条素青色缎的镶边，比较有趣的是中间的两条镶边采取了三角形的拼缝方式，而其他的镶边采用了梯形的拼缝方式，由此可以看出采用三角形拼缝的裙褶位于身体两侧的正中位置，因为上窄下阔的关系，此褶间的装饰更丰富，不仅采用刺绣方式点缀有蝴蝶、芍药、玉兰、梅花外，还在四朵花卉中绣制一朵折枝牡丹花。前后裙门的马面处装饰很精细，马面主体采用了三蓝绣绣制海水江崖纹，江崖上置有一大束牡丹花头，四周环绕有芍药、海棠、玉兰、梅花等花卉，营造出繁花盛开之景。马面主体的左、右、下三方同样采取刺绣的方式绣制装饰花边，有菊花、牡丹花，间饰杂宝，并采取盘金绣法点缀突出主体纹样。根据这件裙子的色彩、纹样和制作方式，我们可以看出，这是一位年长且有身份地位之人所着之裙，其镶嵌花边的装饰手法以纯手工刺绣装饰而成，因此此裙的年代要早于其他采用机织花边装饰的马面裙。整体裙装流露出一种高贵典雅、低调内敛之感。

阑干裙中有一种值得我们特别注意的款式，名为"玉裙"。清代李斗在《扬州画舫录》中记载扬州女性日常着裙"其二十四褶者为玉裙、恒服也。"[3]可见其流行一时。这件"杏红暗花绸地绣牡丹蝴蝶纹阑干马面裙"（图4）即为玉裙式样。此裙以杏红色暗花绸为地，暗花纹饰为杂宝纹，间饰蝙蝠及棋格，呈散点分布，细节生动丰富。裙两胁处各镶饰有12条1厘米左右的花边，共24条。花边上以蓝色丝线绣制有花卉纹，裙子前后裙门及下摆处除了镶饰有1条细窄花边外，还以宽大的刺绣花边包边，使得裙子整体装饰风格相呼应，非常和谐。前裙门处的装饰十分繁复，采用戗针绣法绣有蝶恋花纹样，几乎铺满地，丝光饱满，针法细腻，造型多样。玉裙因为两侧的褶较多，故而下摆尤为宽大蓬松，穿着旋转舞动时，下摆的边则会呈现出如花瓣盛开的圆形姿态，极为优美。

图3 酱色缎地三蓝绣侧褶裙（清，身长97厘米，腰宽46厘米，下摆宽107厘米，清华大学艺术博物馆藏）

图4 杏红暗花绸地绣牡丹蝴蝶纹阑干马面裙（清，身长99厘米，腰宽40厘米，下摆88厘米，清华大学艺术博物馆藏）

三、凤尾裙

关于凤尾裙，清人李斗的《扬州画舫录》有这样的记载："裙式以缎裁剪作条，每条绣花两畔，镶有金线，碎逗成裙，谓之凤尾。"现代学者黄能馥先生总结凤尾裙的样式可分为三种："第一种是裙腰间下坠绣花条凤尾；第二种是在裙子外面加饰花条凤尾，每条凤尾下端垂有小铃铛；第三种是上衣与下裙相连，肩覆云肩，下身为裙子，裙子外面加饰绣花条凤尾，每条凤尾下端垂小铃铛。这第三种凤尾裙，在戏曲服装中被称为'舞衣'，在生活服装中也作为新娘的婚礼服用。"[4] 这三类凤尾裙，清华艺博馆均有收藏，譬如"多色缎地绣蝶恋花纹凤尾裙""藕荷暗花绸地平金绣花卉纹凤尾裙""红色缎绣人物花卉纹宫衣"这三件（图5~图7）。

"多色缎地绣蝶恋花纹凤尾裙"即为第一种类型的凤尾裙。此裙以多色缎裁剪成彩条，颜色有8种，分别为"黄、褐、月白、橘、绿、白、蓝、大红"，共有24条彩条，每条彩条上采用刺绣绣有朵花及蝴蝶纹样，细节生动。前裙门与后裙门以彩线绣制蝶恋花纹饰。这是一件独立的凤尾裙，穿着时可以搭配日常的百褶马面裙，显得更为隆重。"藕荷暗花绸地平金绣花卉纹凤尾裙"属于黄能馥先生总结的第二种凤尾裙形式。它以藕荷色暗花绸为地，暗花纹样为牡丹花及竹叶纹，前裙门处以平金绣牡丹、海棠、莲花灯等花卉，炫目吸

图5 多色缎地绣蝶恋花纹凤尾裙（清，身长96厘米，下摆宽110厘米，清华大学艺术博物馆藏）

图6 藕荷暗花绸地平金绣花卉纹凤尾裙（清，身长87厘米，腰宽32厘米，下摆宽60厘米，清华大学艺术博物馆藏）

图7 红色缎绣人物花卉纹宫衣（清，身长130厘米，两袖通长220厘米，袖宽54.5厘米，下摆宽92厘米，清华大学艺术博物馆藏）

睛。裙两侧则各装饰有8条彩条，即凤尾结构，彩条为蓝色地，其上以金线绣制有海水江崖纹及龙凤呈祥纹，飘带尾部均有如意云头装饰，并缀有金属珠及月白色线穗，显得极其庄重华美。此裙在设计上颇具巧思，裙两胁处各置有三个金属挂扣，可将凤尾裙飘带部分固定在裙两侧，也可做拆卸，凤尾的底裙是百褶鱼鳞裙，如此精妙的设计，既可拆下凤尾飘带满足日常之用，也可挂上凤尾彩条用作盛装。

"红色缎绣人物花卉纹宫衣"为第三种类型的凤尾裙，也是清华艺博馆藏服饰中最为华美繁复的一件服饰。齐如山考证曰："宫衣，亦曰宫装，又曰舞衣，乃公主、郡主等所穿，寻常人家女子不得用之，所以名曰宫衣，亦极为庄重之服，但因其样式之美观，于是贵家小姐及仙女等都用之，随为定例……其制法，绸缎绣花、圆领、带水绣，长及足，周身缀五色绣花飘带，且有许多璎穗，腕以下及袖口有横条花纹，此名趟袖，如《彩楼配》之王宝钏、《醉酒》之杨贵妃均可穿。"

此服圆立领，衣裳相连，肩部有三层彩色云肩，均作八如意云头式，上绣有36人，神情各异，姿态生动。腰际以上，以大红色缎为地，采用盘金绣，绣花卉状四合如意云纹，其内间饰万字纹、花卉纹，一起构成网状装饰底纹；其上采用平针、打籽、戗针等多种绣法，绣出鸾凤、梧桐、牡丹、兰花、梅花、菊花、皮球花等各式纹样，可谓"锦上添花，花上生华"。舒袖宽大，左右袖口各镶缀11条彩绣花边，共22条，名"趟袖"，以"百子图"为题材。腰部罩腰围，以青色缎为地，彩绣花卉博古纹，纹饰丰富，针法多样。裳部分则由百褶裙与凤尾裙共同构成，凤尾缎裁剪作条，末端裁剪成宝剑形状，共82条，色彩各异，底端缀有葡萄形铃铛，寓"多子多福"。此服仅刺绣各色人物就达248个，且云肩、趟袖、腰围及凤尾部分均错落钉缀有1.3厘米的银色金属圆片，与金绣纹饰光泽相互作用，呈现出流光溢彩、璀璨夺目的视觉效果，乃是刺绣服饰的鸿篇巨制。

笔者曾在《风旋虹裳曳广带·瑰姿艳逸醉凤态—霓裳羽衣新说》[5]一文中对此服进行详细的探讨分析，得出此种戏服的形式还是清人眼中的霓裳羽衣。可见，在舞台上此类宫衣常用作仙女、公主、郡主等角之服。同时，"宫衣"还是清代人眼中一眼惊鸿的"霓裳羽衣"；而在生活中，它也可用作婚服，可见这是极为隆重之服。

凤尾裙的颜色大多绚丽无比，这可能和凤鸟"五彩兼备"的特征有所关联，凤鸟崇拜自古有之，它有"仁、义、礼、德、信"的美好品质，且"见则天下安宁"，故而帝王服饰上的十二章纹，有一章即"华虫"寓意"文采"。凤尾裙出现的年代约在清中期，非常有趣的是，我们从清初的文献中可以感受到，最初人们对于颜色多样的月华裙存在一定的偏见，认为其奢侈且浮夸。但是到凤尾裙出现的时候，人们的态度却发生了转变，原因或许有二：一是清初崇尚简约，而乾隆之后社会审美发生转变，人们开始喜欢繁复的装饰手法，崇尚奢靡；二是凤尾裙的多彩被赋予了神话色彩，有祥瑞之意。试想自月华裙始，人们由"盖体之服宜纯不宜杂"到逐步推崇多彩的"凤尾裙"，可见人们对于多彩裙装的看法在这段时间内发生了一定的转变。

凤尾裙是否能被归类于马面裙，学界存在着不同的看法。"博物馆常把凤尾裙与马面裙归类于一类服装收藏，其实两者的结构完全不同。"[6]在这里，笔者认为博物馆之所以把凤尾裙归类到马面裙一类，主要是因为后期的凤尾裙在形制上开始与马面裙相交融，形成了凤尾马面裙。尽管初始时，凤尾裙的出现与马面裙存在结构上的差异，然而最终两者出现了交融，故将其纳入马面裙的归类研究是具有一定道理的。此外，很多学者还认为凤尾裙的形制可以追溯到萨满服饰，觉得此种裙装是满族人入关后，由萨满巫术与汉服相融合而成。笔者认同此类看法，因为不同的民族与文化之间的相互借鉴所形成的新服饰，通常会更为广泛地受到人们的关注与喜爱，其生命力也更为顽强和茂盛。本身裁剪成条状的服饰在中原地区就不多见，反而在鄂伦春族的萨满服饰中频繁见到。萨满法衣的装饰元素有铜扣、铜镜、铜铃等，神裙下端为剑形，此种装饰元素和"红色缎绣人物花卉纹宫衣"的装饰元素极其接近，由此也可推断出，萨满法衣与戏曲中的宫衣存在着一定的传承流转关联。通过厘清"宫衣"及"凤尾裙"的形制起源，可以使我们感受到多文化间的交融，也能发现戏曲中的"宫衣"受众之广，既可是"神人"之服，亦可是"贵人"之服，还可是"常人"之盛装。可见，服饰作为传统文化的重要载体，承载着时人的社会风俗与精神风貌，我们也可借此窥视到时人生活的一隅，感受到服饰与人们生活习惯及思想观念转变的紧密关联。

四、鱼鳞百褶裙

《清代北京竹枝词·时样裙》曰："凤尾如何久不闻？皮棉单夹费纷纭，而今无论何时节，都着鱼鳞百褶裙。"[7]由此可以看出，凤尾裙的流行时间要早于鱼鳞百褶裙，等到了咸丰、同治年间，鱼鳞百褶裙成为新风尚。

清人李斗《扬州画舫录》载有："近则以整缎褶以细裥道，谓之百折。"[1]百褶裙

图8 红暗花绸地绣地景梅蝶纹百褶鱼鳞马面裙（清，身长97厘米，下摆宽76厘米，腰37厘米，清华大学艺术博物馆藏）

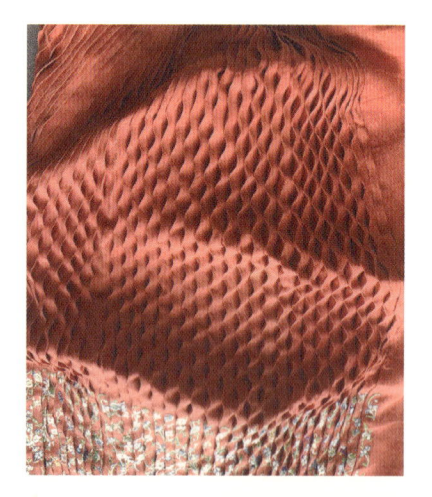

图9 红暗花绸地绣地景梅蝶纹百褶鱼鳞马面裙（局部）

图10 清末民初新娘出嫁着装图

与鱼鳞裙均属于褶裥裙形制。百褶裙的流行要先于鱼鳞裙，因为当时采取熨烫的方式叠褶，但时久褶裥太易松散，定型效果不理想。于是，人们便想出采用同色线缝缀牵引的方式来加固，同时还要兼具美观性，于是百褶鱼鳞裙应运而生。如这件"红暗花绸地绣地景梅蝶纹百褶鱼鳞马面裙"（图8）。此裙以红色暗花绸为地，暗花纹样有祥云、盘长、仙鹤，裙两侧各捏50条细密的褶裥，合之正满100条，属名副其实的"百褶裙"。褶裥之间以丝线交叉相连，使之能展能收，拉扯展开后形似鱼鳞，故名"鱼鳞裙"（图9），可见这是一条百褶鱼鳞裙。裙子的前裙门与后裙门中央均绣有婴戏图，取"麒麟送子""五子夺魁""官带传流"寓意。

五、民国红喜裙

到了清末民初之际，马面裙由围合之裙转变成套穿之裙。红色阑干裙样式的马面裙被用作新娘的结婚礼服裙（图10）。1912年《申报》便有云："女子礼服亦甚简单，曰套，其式与前清时女人所穿大褂同（南方谓之披风）。"这里的褂常与红裙一起合称为"褂裙"，通常用作新婚时女子的婚礼服装。这件"青缎地平金银潮绣龙凤呈祥褂"（图11）及"红缎地戗针绣折枝月季阑干红喜裙"（图12）即是当年新娘结婚的一套礼服样式。"褂裙"，顾名思义由褂与裙组成，"青缎地平金银潮绣龙凤

图11 青缎地平金银潮绣龙凤呈祥褂（民国，身长72厘米，两袖通长133厘米，袖口17厘米，下摆宽87厘米，清华大学艺术博物馆藏）

图12 红缎地戗针绣折枝月季阑干红喜裙（民国，高93厘米，宽101厘米，清华大学艺术博物馆藏）

呈祥褂"为典型的粤绣，圆立领、对襟、直身、大袖，左右与背面三开衩，周身满布平金纹样，又以红色钉线绣营造出了不同的层次。纹样线条流畅、流转灵动。正背主花相同，都为两龙两凤，对襟两侧饰两小龙，袖上、下摆均有龙凤饰之。"红缎地戗针绣折枝月季阑干红喜裙"其形制来源即为清代的阑干马面裙，此裙子以大红色缎为地，采用戗针绣法绣出各色月季花，左右各7条阑干，形制简约大方。

从这件"红缎地戗针绣折枝月季阑干红喜裙"我们可以看到在明末清初之际，马面裙受到西方文化的影响越来越大，慢慢地变得更为贴身，趋向平面化。裙头由两片式转为一片式，后来从围合式转为套穿式。并且，裙两胁的阑干越来越简约，裙下摆弧度越来越小。裙上镶嵌的花边也开始大量采用外来的蕾丝，有的裙扣渐渐出现了塑料纽扣。这些信号都在向我们传递着，传统的马面裙在历史的舞台上已经逐渐消失，取而代之的是更加便捷的裙装式样。

六、结语

清华大学艺术博物馆收藏的清代马面裙形制极其完善，月华裙、阑干裙、凤尾裙、百褶鱼鳞裙均有收藏，并且所藏的裙装品相极好，样式精美，十分难得。作为清代的主要裙式，虽然着装者更多为富贵官宦之家的女子，但同样能够流露出时人的审美眼光与时尚品位。清代马面裙不断从历史裙装的元素中汲取灵感，创新发展，最终形成了颇具特色、繁复华美、细节生动的装饰风格。现在，传统马面裙也成为今人时尚服饰创意的丰富素材来源。

参考文献：

[1] 李渔. 闲情偶寄[M]. 上海：上海古籍出版社，2000.

[2] 车吉心，等. 中华野史：清朝卷一[M]. 济南：泰山出版社，2000.

[3] 李斗. 清代史料笔记丛刊：扬州画舫录[M]. 汪北平，涂雨公，点校. 北京：中华书局，1960.

[4] 肇文兵. 黄能馥文集[M]. 济南：山东美术出版社，2014.

[5] 高文静. 风旋虹裳曳广带·瑰姿艳逸醉凤态——霓裳羽衣新说[N]. 中国艺术报，2022-08-29.

[6] 祁姿妤. 清代马面裙形制研究[D]. 北京：北京服装学院，2012.

[7] 李家瑞. 北平风俗类征（上册）[M]. 上海：商务印书馆，1937.

民国旗袍面料的研究[1]

段　玲[2]，贾一亮[3]，蒋国荣[4]

摘要：对上海纺织博物馆收藏的旗袍实物面料加以分析，通过傅里叶红外光谱仪无损鉴别材质，探讨其在结晶度、组织、色彩、织造印染方式、纹样等方面的特性，最后综合其他研究资料得出民国时期旗袍面料的特点。

关键词：红外无损分析；材质；组织；纹样；色彩

曾被誉为中国"国服"的旗袍，具有鲜明的民族文化特色，反映了中华民族服饰的发展以及当时社会环境对服饰的影响，蕴含着几百年来中国女性对美的追求与诠释。尚武的游牧民族满族入关前，穿着宽松的长袍便于骑马打猎，这种长袍便是现代旗袍的雏形。满族人入关后，生活开始逐渐汉化，旗袍装饰增多，在宫廷中广泛流行。辛亥革命后，受到西方文化及纺织科学技术的影响，旗袍呈现出东西方相结合的特点。20世纪30年代是旗袍发展的顶峰时期，在这一阶段，旗袍在面料的选择、款式等方面都发生了重大变化，体现女性曲线的同时又具有鲜明的中国特色和时代象征，成为中国女装的典型代表。因此，旗袍在当时非常流行并被女性普遍穿着。随着时代的变迁，旗袍的款式也在不断发生变化。[1-4]

服装的款式、面料共同体现了服装的整体风格，是旗袍中最具有可辨识度、最能体现服装设计的元素。现有有很多关于民国旗袍服装的款式、剪裁的研究，但是对于

---

[1] 基金项目：上海市2022年度"科技创新行动计划"科普项目（项目编号：22DZ2306400）。
[2] 段玲，上海纺织博物馆党支部书记、研究部部长，研究方向为纺织材料结构与性能、纺织品的测试与表征、纺织品文物的保护与修复、古代纺织品纹样分析、面料分析与重构。
[3] 贾一亮，上海纺织博物馆馆长，研究方向为民族服饰。
[4] 蒋国荣，上海纺织博物馆名誉馆长，研究方向为纺织科普教育。

旗袍面料的探讨较少。面料作为服装基本材料，影响着旗袍的手感质地和视觉艺术效果，不同的款式要借助材料和图案来表达设计情感。海派旗袍是中西结合的产物，富有商业和民间色彩，旗袍面料呈现多品种、多花色的格局[5-9]。

本文主要对上海纺织博物馆馆藏民国时期无袖旗袍实物面料进行研究，通过对面料的材质、结晶度、组织、颜色、织造印染方式及纹样的研究来分析民国时期旗袍的特点。材质鉴别和结晶度的计算主要通过红外光谱无损测试分析，借助体视显微镜和纹织CAD绘图分析织造印染方式、颜色及花型纹样，查阅文献资料并结合实物分析结果展开讨论，得出关于该件民国无袖旗袍面料的使用特征，以期对民国纺织技术和时尚研究提供参考。

一、材料与方法

1. 旗袍样品

本研究所分析藏品为上海纺织博物馆所收藏的无袖旗袍，旗袍制作厂商为创建于20世纪30年代的摩登绸缎公司进行具体分析（图1）。此件民国旗袍保存状况相对完好，花型纹理清晰，非常适合面料研究。经过拆纱分析，该件旗袍面料含有四种颜色纱线：黑色纱线、白色纱线、淡黄色细纱线、淡黄色粗纱线，分别标记为S1、S2、S3、S4，以方便进一步的分析。

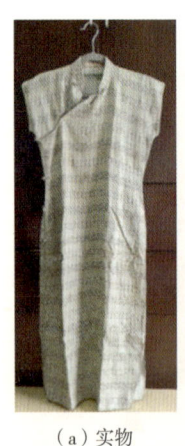

（a）实物　　　　　（b）面料纱线

图1　民国无袖旗袍

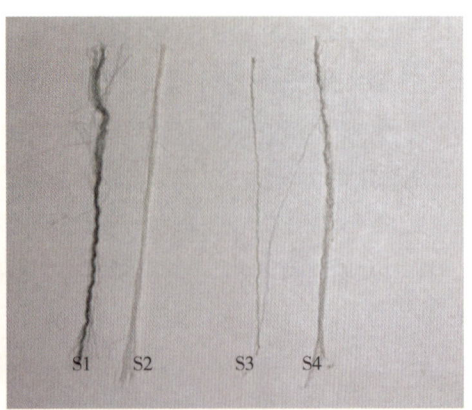

2. 旗袍面料的材质分析

采用 Nicolet IS50 傅里叶变换红外光谱仪〔美国赛默飞世尔科技（Thermo Fisher Scientific）公司〕对蚕丝纤维进行衰减全反射红外检测（ATR-FTIR），通过蚕丝纤维的红外光谱图分析旗袍的化学组成。实验把旗袍纱线样品放在载物台进行检测，在恒温恒湿的测试条件下，分辨率为 $4cm^{-1}$，波数测试范围为 $500cm^{-1} \sim 4000cm^{-1}$。图2为 Nicolet IS50 傅里叶变换红外光谱仪测试平台及其工作原理。

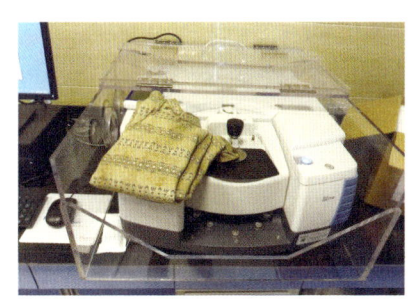

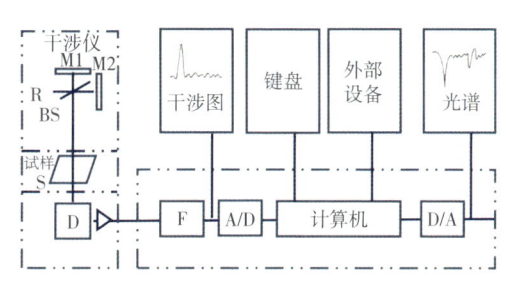

（a）IS50 傅里叶变换红外光谱仪　　　　（b）傅里叶变换红外光谱仪工作原理

图2　红外光谱仪测试平台及其工作原理

3. 旗袍面料的结晶度分析

对上述红外光谱图做傅里叶去卷积处理，使用高斯-洛伦兹函数对图谱进行曲线拟合，最后通过 Origin 8.5 软件处理得到峰面积，以此计算面料纤维结晶度。

4. 旗袍面料的组织结构分析

体视显微镜具有工作空间大、实时性高以及不损坏样品表面等优点，采用高清晰体视显微镜 XYH-3A（上海光学仪器一厂）采集面料信息，分析面料组织结构（图3）。

5. 旗袍面料的花型纹样分析

采用纹织 CAD View60（杭州经纬计算机系统工程有限公司）对面料进行分析处理，可以得到该旗袍面料的花型纹样复原图。

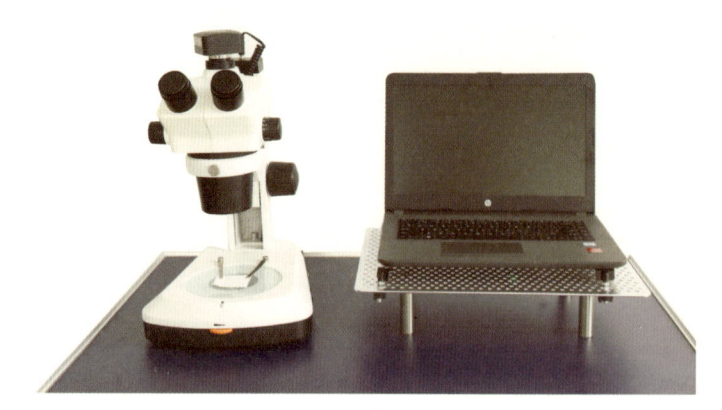

图3　体视显微镜XYH-3A

二、旗袍面料风格分析

1. 旗袍面料的材质分析

纺博馆馆藏民国无袖旗袍呈淡黄色底，黑白色花纹，光泽柔和、手感柔软、悬垂性好，旗袍有褪色现象，沾有污渍。通过手感目测法预估这件旗袍的材质为丝质旗袍。丝绸旗袍较为贵重，民国时期，纺织印染技术的进步以及面料纹样的多样化，使丝织物成为旗袍的主要面料之一。根据这件无袖旗袍的款式判断，这件旗袍应该是在夏季使用。

采用红外光谱分析方法进一步鉴别纤维样品材质，以往鉴别材质的方法是火烧法或者显微镜识别法，这样不可避免都会对珍贵的旗袍藏品造成损害。红外光谱分析利用特征基团所产生的不同吸收峰来鉴别化合物分子结构组成，作为一种无损分析测试手段，已被广泛应用于丝织品的鉴别及检测[10]。蚕丝是由丝素蛋白和丝胶两部分组成，丝胶包在丝素蛋白的外部，约占重量的25%，蚕丝中还有5%左右的蜡质、糖类、色素及无机物等杂质。[11]蛋白是蚕丝中主要的组成部分，约占重量的70%。旗袍纤维的红外光谱图如图4所示，特征吸收谱带对比分析见表1[10-14]，通过对比分析可以看出此件无袖旗袍为纯桑蚕丝制品。按照相关研究成果，此件无袖旗袍面料蚕丝纤维同时在1697cm^{-1}、991cm^{-1}、893cm^{-1}、1263cm^{-1}和1230cm^{-1}有吸收峰，则可以判定为此件旗袍所用蚕丝品种为桑蚕丝[15]。

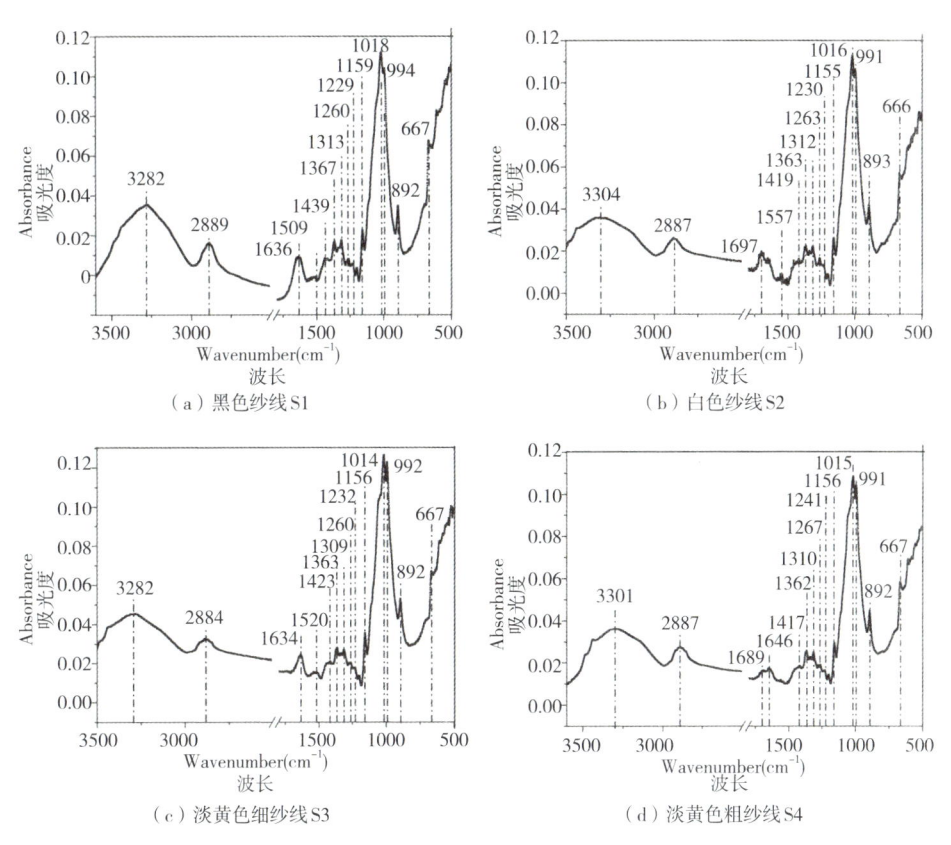

图4 民国无袖旗袍蚕丝纤维红外光谱图

(a) 黑色纱线S1
(b) 白色纱线S2
(c) 淡黄色细纱线S3
(d) 淡黄色粗纱线S4

表1 桑蚕丝纤维的特征吸收谱带

黑色纱线S1吸收峰位置/cm^{-1}	白色纱线S2吸收峰位置/cm^{-1}	淡黄色细纱线S3吸收峰位置/cm^{-1}	淡黄色粗纱线S4吸收峰位置/cm^{-1}	归属
3282	3304	3282	3301	-NH和-OH的伸缩振动
2889	2887	2884	2887	C-H反对称伸缩振动
1636	1697	1634	1689	C=O伸缩振动（酰胺Ⅰ谱带）
1509	1557	1520	1646	N-H弯曲变形振动及C-N伸缩振动属于β-折叠结构（酰胺Ⅱ带）

续表

黑色纱线S1吸收峰位置/cm⁻¹	白色纱线S2吸收峰位置/cm⁻¹	淡黄色细纱线S3吸收峰位置/cm⁻¹	淡黄色粗纱线S4吸收峰位置/cm⁻¹	归属
1439	1419	1423	1417	聚丙氨酸序列（A）n中-CH3基团的弯曲振动引起/丝氨酸中引起CH3基团的弯曲振动
1367	1363	1363	1362	-CN的伸缩振动
1260	1263	1260	1258	N-H面内变形以及C-N伸缩振动，SilkⅡ构象，即反平行β-折叠结构（酰胺Ⅲ带）
1229	1239	1232	1227	SilkⅠ构象，包括α-螺旋结构和无规卷曲结构，肽键碳氮伸缩振动引起的酰胺Ⅲ谱峰。
1159	1155	1156	1156	N-Ca的伸缩振动吸收峰 酪氨酸酚羟基的振动吸收
1018	1016	1014	1015	丝氨酸中C-O和C-C的伸缩振动吸收峰
994 892	991和893	992和892	991和892	由聚丙-甘氨酸序列（AG）n中CH2的摆动引起，同样归属于β-折叠结构
667	666	667	667	N-H面内变形振动 归属β-折叠结构（酰胺Ⅴ带）

2. 旗袍面料的结晶度分析

桑蚕丝纤维的聚集态结构由结晶区和无定区两部分组成，结晶度在50%~60%左右。桑蚕丝是由18种不同氨基酸组成的多肽化合物，多肽由酰胺键连结氨基酸组成不同长度而形成。氨酸（Gly）、丙氨酸（Ala）和丝氨酸（Ser）（约85%）按一定的序列排列成较为规整的链段，构成丝素蛋白的结晶区域；非晶区域主要是含量较少的酪氨酸（Tyr）和极性氨基酸。[16]丝素蛋白分子的构象如图5所示[17]，分为无规线

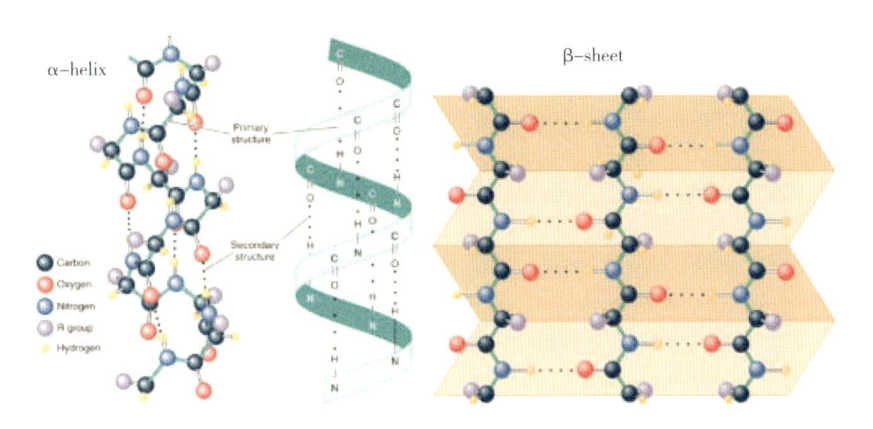

图5 丝素蛋白的二级结构模型：α螺旋和β折叠结构

团、α螺旋（α-helix）和β-折叠（β-sheet）。丝素蛋白以反平行折叠链构象β-折叠（β-sheet）为基础，形成微纤维（直径约为10nm），进一步堆砌为原纤（直径约为1μm），蚕丝蛋白纤维单纤维直径约为10~20μm[18]。

通过红外谱图计算蚕丝纤维结晶度经常使用的方法有两种[19,20]，常把1263cm^{-1}（归属于桑蚕丝酰胺Ⅲ带结晶区的特征吸收）谱峰强度与1263cm^{-1}（归属于桑蚕丝酰胺Ⅲ带结晶区的特征吸收）和1230cm^{-1}（归属于桑蚕丝酰胺Ⅲ带无定形区的特征吸收）谱峰强度之和的比值来计算蚕丝纤维结晶度[12]，选取1200~1300cm^{-1}波段范围的红外吸收光谱数据，进行两点基线校正，并且对图谱做傅里叶去卷积处理及通过二阶导数图谱确定1263cm^{-1}和1233cm^{-1}的峰位置，以其为中心使用高斯-洛伦兹函数对图谱进行曲线拟合，对图谱进行多次拟合直至拟合残差最小（图6）。通过Origin

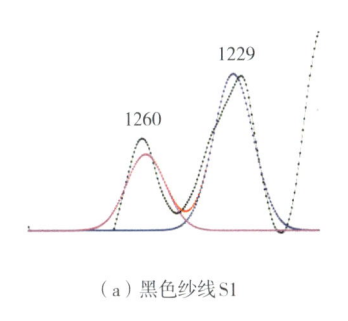

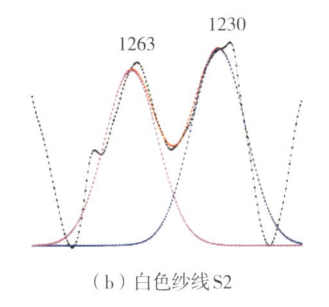

（a）黑色纱线S1　　　　（b）白色纱线S2

图6

(c) 淡黄色细纱线 S3　　　　　　　　(d) 淡黄色粗纱线 S4

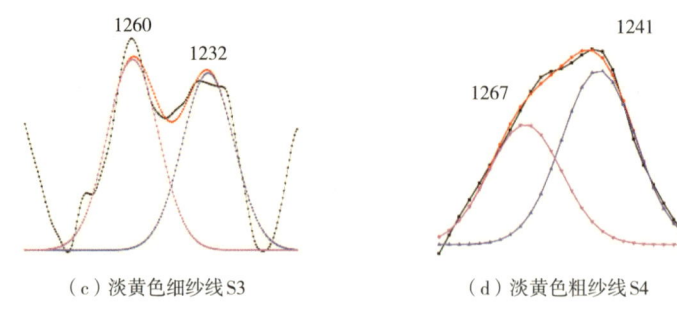

图 6　民国无袖旗袍蚕丝酰胺 Ⅲ 带曲线拟合光谱图

软件处理得到峰面积测量值计算结晶度。经过计算，四组纤维样品的结晶度分别为 40.56%、47.06%、52.01%、46.46%，低于蚕丝平均结晶度，通过计算结晶度很难定量评估丝织品的老化程度，但是在一定程度上可以比较四组纤维样品的损坏程度（表 2）。

表 2　民国无袖旗袍蚕丝纤维结晶度

样品	1229~1332cm^{-1}（random coil）	1260~1263cm^{-1}（β-sheet）	结晶度（%）
黑色纱线 S1	0.2027	0.1383	40.56
白色纱线 S2	0.1960	0.1742	47.06
淡黄色细纱线 S3	0.1042	0.1134	52.10
淡黄色粗纱线 S4	0.1400	0.1215	46.46

3. 旗袍面料的组织、色彩及织造印染方式分析

根据体视显微镜所拍摄的图片（图 7）分析，所使用的四组纱线中，黑色纱线、白色纱线、淡黄色粗纱线均未加捻，淡黄色细纱线为加捻纱线，表面有污渍。民国时期旗袍面料通常以提花织造和手工刺绣为主，常见织物的组织结构由以平纹、斜纹、缎纹为首的三原组织及变化组织构成，起毛类织物（如天鹅绒）、绞经类织物（如纱罗）和暗花织物也较常使用[21, 22]。此件藏品面料属于平纹结合提花织造，具有地组织与起花组织融合、有骨架并且柔软的特点，适合用作夏季旗袍，很好地满足当时的女性追求夏装轻薄、时尚的需求。

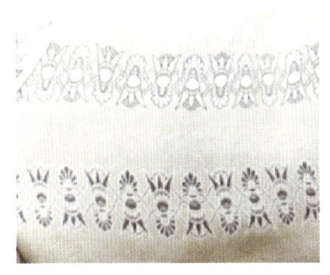

(a) 实物　　　　　　　　(b) 花型放大图　　　　　　(c) 黑色纱线 S1 放大图

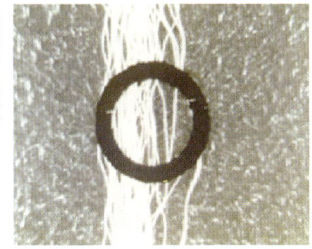

(d) 白色纱线 S2 放大图　　(e) 淡黄色细纱线 S3 放大图　(f) 淡黄色粗纱线 S4 放大图

图 7　民国无袖旗袍分析

面料呈现的色彩及花型由纺织加工工艺决定，不同的色彩赋予旗袍不同的视觉效果和意识情感，因此对于面料的色彩分析主要为鉴别旗袍面料的色相、明度、纯度等基本色相属性，可由此判断当时的购买者对于旗袍色彩选择偏好。该件藏品属于民国时期的旗袍实物，面料属于色织布，即先将纱线染色，然后进行织造。中国织造技术精湛，早在汉代的时候就可以织造出华丽的锦缎，如四大名锦云锦、宋锦、蜀锦、壮锦。而近代印染技术的发展，使得旗袍面料更加丰富多彩，比如知名的"阴丹士林"布，就是面料采用阴丹士林染料染色而成。印花的方式也多种多样，如直接印花、拔染印花、防染印花、滚筒印花、手工平网印花等方式。印花工艺流程简单、产量高，因此被广泛使用[23]。色织布织造工艺相对复杂、纹理清晰、色牢度高、华丽、具有立体视觉效果。根据体视显微镜所拍摄图片（图 7）分析，该件藏品保存至今有褪色和沾污等现象。色纱相互交织显出精美的花型，色泽丰满艳亮，花纹细致，轮廓清晰，花色与地色之间没有第三色。该件无袖旗袍用于春夏季，所以其色调一般柔和淡雅，清爽明快。

4. 旗袍面料的纹样分析

中国传统旗袍面料纹样涵盖了花卉植物、动物、文字、人物、器物、几何形等图案，这些纹样还可通过相互组合形成更为复杂的图案。20世纪初，旗袍面料图案以花卉植物和动物图案为主。旗袍发展的顶峰时期，常使用团花纹样、藤蔓、枝叶等元素为素材，符合传统的审美心理，给人感觉纹样丰富、富贵绚丽。民国中后期，中西方文化不断融合与碰撞，市面上开始流行机械生产的机织面料，面料图案以简洁纹样为主，如线条、几何图形、花纹等[6]。植物题材的纹样以草木花卉为主，其中以象征高尚品格的梅、兰、竹、菊居多，象征大富大贵的牡丹和吉祥如意的石榴也较为常见。动物题材纹样多象征美好富贵，民国时期多采用龙凤等动物图案，虫鱼鸟兽、动植物组合也较为常见。几何纹常见正方形、长方形、菱形、圆形等图纹[24, 25]。利用纹织CAD软件，我们复原了该件旗袍的花纹［图8（a）］。通过分析比对，该件旗袍花纹是以石榴花纹为基础，相互串套形成简洁美丽的图案。中国传统文化中，石榴纹样具有"多子多福的吉祥寓意"，在织物服饰、瓷器、家具雕刻等场合

（b）石榴纹织物

（a）民国无袖旗袍面料纹样复原图　　　　（c）新疆维吾尔族印花布

图8　旗袍面料的纹样分析

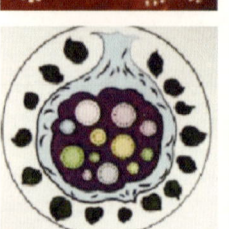

广泛使用[17]。传统织物服饰上的石榴图纹有着艳丽的色彩与造型［图8（b）、（c）］，这有可能是受到西方文化的影响[26]，此件旗袍石榴图纹十分简洁，色彩搭配简单，有着富丽沉稳的风格。简单排列的石榴花图案，使旗袍整体呈现典雅高贵的感觉，这种风格的旗袍适合于夏季穿着。

三、结论

通过该件民国无袖旗袍实物的面料加以详细分析，可以得出关于民国时期这一类海派旗袍面料的基本特征。该件民国旗袍面料的纤维品种为桑蚕丝，说明丝织物作为一种较为贵重的原料在夏季旗袍中被采用，通过对红外图谱的傅里叶去卷积、二阶导数谱和高斯–洛伦兹曲线拟合处理进一步得到蚕丝纤维结晶度，通过对结晶度的分析，可以发现该件桑蚕丝面料出现了老化降解，面料的结构为平纹地提花组织，配以色织方法，让面料呈现丰富的花型与立体的视觉效果。颜色的选择是适用于夏天的黑、白及淡黄色。纹样选择了具有丰富寓意的石榴纹样，和传统石榴纹样相对比，石榴纹样造型有所改变。研究表明，该件民国旗袍中的原料选择、织造方式、花型排列、装饰纹样，均对现代服饰设计具有借鉴和指导意义。

参考文献：

[1] 段卫红.现代旗袍设计探析[J].艺术与设计（理论版），2009（2X）：201，202.

[2] 包铭新.20世纪上半叶的海派旗袍[J].装饰，2000（5）：11，12.

[3] 卞向阳.论旗袍的流行起源[J].装饰，2003（11）：68，69.

[4] 卞向阳，周炳振.民国旗袍实物的面料研究[J].丝绸，2008（8）：4.

[5] 包铭新.中国古代暗花丝织物[J].华东纺织工学院学报，1985（1）：93–105.

[6] 黄碧容，胥筝筝.民国旗袍装饰纹样解析[J].纺织科技进展，2016（4）：49–52.

[7] 初晓梦.现代旗袍改良中面料整合重构的创新应用研究[D].长春：东北师范大学，2016.

[8] 沈征铮.民国时期旗袍面料的研究[D].北京：北京服装学院，2017.

[9] 盛羽.旗袍的历史演变及社会价值初探[J].宁波大学学报（人文版），2003，16（3）：92-95.

[10] 钱国坻，姚予梁.红外光谱在蚕丝纤维结构研究中的应用[J].苏州丝绸工学院学报，1983（4）：29-34.

[11] 黄悦，张晓梅，原思训.红外光谱法研究不同丝胶含量老化蚕丝蛋白[J].文物保护与考古科学，2009，21（1）：6.

[12] 龚德才，刘柳，朱展云.红外光谱在古代丝织品的纤维聚集态结构表征中的应用研究[J].蚕业科学，2016，41（4）：7.

[13] Ju K H, Eun C D, Chul U I. Effect of Processing Conditions on the Homogeneity of Partially Degummed Silk Evaluated by FTIR Spectroscopy[J]. International Journal of Industrial Entomology, 2013, 26(1): 54–60.

[14] 王敏.红外光谱对混纺纤维的定性和定量方法研究[D].杭州：浙江理工大学，2014.

[15] 邓婷婷.家蚕丝、野桑蚕丝及琥珀蚕丝的结构和性能研究[D].重庆：西南大学，2017.

[16] 刘永成，邵正中，孙玉宇.蚕丝蛋白的结构和功能[J].高分子通报，1998（3）：17-23.

[17] Gething M J, Sambrook J. Protein folding in the cell[J]. Nature, 1992, 355(6355): 33–45.

[18] 于同隐，邵亚中.桑蚕丝素蛋白的结构，形态及其化学改性[J].高分子通报，1990（3）.

[19] Bhat N V, Nadiger G S. Crystallinity in silk fibers: Partial acid hydrolysis and related studies[J]. Journal of Applied Polymer Science, 2010, 25(5): 921–932.

[20] Magoshi J, Magoshi Y, Nakamura S, et al. Physical properties and structure of silk. V: Thermal behavior of silk fibroin in the random-coil conformation[J]. Journal of Polymer Science Part B Polymer Physics, 1977, 15(9): 1675–1683.

[21] 苏淼，王淑娟，鲁佳亮，等.明清暗花丝织物的类型及纹样题材[J].丝绸，2017，54（6）：10.

[22] 李广松，张朝阳，窦俊霞.浅谈旗袍的发展及其结构分析[J].美与时代（下），2007（2）：86-89.

[23] 左宏.海派旗袍纹样研究[D].南京：南京艺术学院，2009.

[24] 杨小岚.石榴纹艺术符号研究[D].株洲：湖南工业大学，2012.

[25] 曾丽伟.明清石榴纹在服装设计中的应用研究[D].天津：天津工业大学：2017.

[26] 尹娜.中、欧石榴纹样艺术特征比较[J].丝绸，2015，52（6）：48-53.

锦绣春晖
——浅析辽宁省博物馆馆藏近代儿童服饰品的风格与特点

袁 芳[1]，左 宏[2]

摘要："中国有礼仪之大故称夏，有服章之美谓之华。"礼仪与服饰并列成就华夏，文化遗存是先人为我们留下的远古印记，勤劳智慧的中国古人织造出美丽的织物，不仅受华夏民族人民的喜爱，也带动了市场需求以及与西方世界的贸易往来。在中华文明发展史中，这些织物已渗透中国文化中，成为华夏民族重要的文化符号之一。丝织品的历史几乎与中华文明起源同步。图案纹样的演化和发展是中国古人智慧的结晶，也是中华文明兼容并蓄的缩影。在儿童服饰的应用上结合了儿童本身的生理特征，凝结了制作者的情感与审美，体现出独特的风格特征。以图案、色彩、含义解读近代儿童服饰品，从其风格与特点体悟中华服饰文化的博大精深。

关键词：近代；儿童服饰；图案；风格；特点

从古至今，儿童作为国家和民族的希望，承载了族群、家庭、父母众多的期许和美好的愿望。在中国传统文化里，儿童具有重要且特殊的地位，儿童服饰品反映了家族的信仰、习惯、爱好等。社会对待儿童的态度，国家对于儿童教育的投入，家庭为儿童营造的

---

[1] 袁芳，辽宁省博物馆学术研究部，文博馆员。
[2] 左宏，沈阳建筑大学设计艺术学院，实验师。

成长环境被看作一个国家文明程度的标志之一。中国传统家庭不仅为儿童提供基本的生活所需，同时也营造良好的成长环境，注重启蒙教育，培养纯善之心。进而奠定儿童未来的教育和智慧品德的基础。通过解读封建社会结束至中华人民共和国成立前这一时期的儿童服饰品，可以唤起现代都市人对于过往生活的记忆，同时对未来的生活充满幸福的憧憬与美好的向往。

辽宁省博物馆收藏的近代儿童服饰品是具有实用功能的刺绣品，它们色彩浓烈、对比鲜明，造型与图案质朴可爱。它们的艺术表现形式和内容体现了刺绣品的吉祥寓意，又可见中华民族延续下来的对于新生儿美好祝愿的传统习俗。从家族长辈亲手制作幼童的衣服、帽子、鞋中可以看出长辈对孩子倾注的情感与祝福。

这些儿童服饰品是民间富贵百姓人家制作并使用过的。随着社会的变迁，人们追求高效率的生活模式，那些曾经存于民间，具有温度和鲜活个性的、凝聚了制作者和使用者技艺与情感的老物件正在逐渐从人们的记忆中淡出。过去母亲为新生儿制作服饰，是当时的时尚。这些儿童服饰品既体现了当时的民间刺绣风格，又承载了母亲对孩子深深的祝福。

一、母爱承载——童衣

母爱一直是人类情感的永恒话题，母亲既是儿童服饰的制作者，也是服饰图案的设计者。古人用"慈母手中线，游子身上衣。临行密密缝，意恐迟迟归"来描述这种情感。在婴儿出生前，母亲便开始为其缝制衣裳，以针线代笔墨，用图案作为情感符号，表达了母亲对孩子的期许。儿童衣服上常用"龙凤呈祥""蝶恋花"等有美好寓意的图案来装饰，并给孩子佩戴长命锁，以祈求其健康成长，一针一线凝聚了母亲的浓厚情感。

1. 近代刺绣红缎地狮子纹儿童肚兜（图1）

肚兜是我国传统功能性服饰之一，虽款式简单但流传历史悠久。儿童肚兜常以花鸟、猛兽等作图案，此件肚兜以狮子作主要图案，装饰花卉纹样。肚兜的

图1 狮子纹儿童肚兜

形状呈菱形，上面和两侧角有系带，穿着方法与围裙相似。仅能遮住身体正面的胸腹部，主要是贴身穿着，夏天炎热时可直接外穿。母亲们将儿童肚兜作为一块画布，是她们展示技艺、凝聚情感的载体，也是百姓淳朴情愫的外在表达，具有时代的特征。

此件儿童肚兜以剪贴绣方式表现了狮子的形象，眼睛、鼻子用垫绣表现，兽爪、牙齿用贴绣表现。狮子作为寓意祥瑞的猛兽，在肚兜上用此图案作主体纹样，借此企盼儿童能够健康成长，身体强壮，并有驱凶辟邪的意味。

2. 近代缎地刺绣卷云纹连靴童裤（图2）

儿童遵循"上衣下裳"的着装习惯，唐朝时受胡风影响，裤子在汉地流行起来。儿童身穿"背带裤"的形象最早出现于唐代屏风绢画中，源于古代波斯地区[1]。古代儿童的裤子包括长裤、短裤、开裆裤等。发展至民国时期衍生出背带裤，并配以鞋，适用于身体塑形未完成的儿童。背带可防止裤子脱落，腰部不须系腰带，利于儿童身体发育。此件为裤连靴的形制，裤腿宽松，利于活动，背带用于固定，方便穿脱，鞋面用贴绣卷云纹❶装饰。

图2 卷云纹连靴童裤

3. 近代粉缎地刺绣龙凤呈祥女童衫（图3）

"龙凤呈祥"出自《孔丛子·记问》，指吉利喜庆之事。相传春秋时代，秦穆公有个小女儿，名叫"弄玉"。与青年"萧史"因音乐一见钟情。萧史弄玉❷后来隐居于华

---

❶ 卷云纹是汉族传统纹样之一，寓意着步步高升、吉祥如意。形态源自青铜器纹饰，通过线条、面积、粗细、疏密、虚实等变化，组成各种卷云纹的形式。

❷ 弄玉生性自由，喜欢吹笛弄笙。穆公疼爱她，命工匠把西域进贡来的玉雕成笙送给她，公主吹笙的技艺精湛。秦穆公想招邻国的王子为婿，弄玉不从，自有主张，若不懂音律，宁可不嫁，穆公珍爱这个聪慧美貌的女儿，只好依从。一天夜里，公主倚栏赏月，用玉笙表达自己对爱情的神往，同时一阵美妙的洞箫声和着公主笙乐响起。一连几夜，笙乐如龙音，箫声如凤鸣，合奏起来如仙乐一般，萦绕秦宫以至方圆百里。秦穆公命人寻找吹箫人，找到华山脚下，听说有一青年叫"萧史"在华山隐居，善吹箫，音可传数百里，便把萧史带回秦宫。此时正值中秋，秦穆公见他的箫也为美玉所制，便请来公主，两人一见钟情，合乐起来，一曲不曾奏完，殿内金龙、彩凤都好像翩翩起舞起来，众人听得入痴，齐赞仙乐。弄玉和萧史完婚后，萧史教弄玉用箫学凤鸣，弄玉教箫史用笙学龙音，学了十几年，真的把天上的凤引下来了，停在了他们的屋顶上，不久龙也来到他们的庭院里。

山中，只要二人合奏，便引来龙飞凤舞，祥云翻腾，弄玉随即乘上彩凤，萧史跨上金龙，于是龙凤双飞，升空而去！后人为纪念弄玉和萧史，用"龙凤呈祥"来形容夫妻间比翼双飞，恩爱相随，相濡以沫的忠贞爱情。

此件女童衫为传统的宽袖开衫款式，前襟中线用金属狮子扣装饰，配系绳，方便穿脱和固定。衣身上刺绣龙凤呈祥图案装饰，下摆以平针绣海水江牙、牡丹等图案装饰。用盘绣技法表现了蝴蝶、蝙蝠、云纹等图案，用垫绣表现了寿桃图案。色彩对比鲜明，面料华贵，做工精巧。

图3 龙凤呈祥女童衫

二、冠上锦绣——童帽

古代儿童有四季佩戴童帽的习惯，中国传统医学认为婴儿刚出生时囟门尚未闭合，认为风寒为百病之始，儿童头部需注重保护。民间有俗语"六月天冻死月子里的娃"，即使在暖和的夏季，长辈也会为儿童佩戴帽子，来保护前额和太阳穴。天气炎热时佩戴无顶帽，既起到遮阳的作用又避免生病。童帽的设计最能体现制作者的巧思妙想。童帽造型除了简单的帽顶、帽围、帽檐等几个部分外，常借用植物、动物、器物的外观特征作为帽子的基本造型，并装饰多种辅助形图案来表现，像如意形、荷叶形、动物形等。通过其装饰工艺和造型的复杂程度，可看出佩戴者的家境。富贵人家的童帽多用锦缎制作，并缝缀金银、玉坠等来显示家庭的经济实力。普通百姓人家多用布帛制作，造型相对简单，装饰较少。

1. 近代刺绣连生贵子童帽（图4）

无顶童帽历史悠久，民国时期流传甚广。随后来蓄发制度的废除，佩戴逐渐减少。它有固发的作用，既有透气的功能，又有装饰的效果。传统儒学思想认为"身体发肤，受之父母"，碎发会遮挡儿童的视线，剪去为不孝。

此件为无顶童帽，用五片莲花瓣造型作前片造型，以刺绣花卉纹样装饰。上部装饰遮阳莲蓬配串珠和童子形象布偶。前片与帽围连接处为佛手造型，后部为扇形拖尾，既保护后颈又起到装饰效果。图案刺绣精美，针法细腻工整，结构设计巧妙。莲花、佛手、童子具有吉祥的含义。莲花象征纯洁、圣洁；佛手象征智慧、福气；寓意"多福多寿"；与童子形象组合有"连生贵子"的美好寓意。

图4　连生贵子童帽

2. 近代贴绣虎头童帽（图5）

婴儿佩戴"虎头帽"的形象可追溯至唐代的壁画中。据出土物考证，虎头帽是模仿佛教中护法天王头戴虎头帽的形象，用来镇邪驱恶，祈求孩子健康成长。戴虎头帽这一传统在现今仍十分流行。人们在为新生儿制作童帽时，借用动物、植物等具有美好寓意的元素作图案，并缀以玉石、宝石、金属等装饰。

老虎，代表着祛除灾祸，镇压邪魅。百姓喜欢用猛兽形象来作童帽造型，以祈求孩子平安长大。此件童帽运用垫绣的方法制作虎头的造型，配色鲜艳，打造既立体又可爱的老虎形象。概括化处理了老虎的形象，使威严勇猛的老虎变得活泼可爱，将童趣与吉祥寓意相结合，是艺术化处理后的完美呈现。

图5　虎头童帽

3. 近代粉缎地贴绣金蟾童帽（图6）

上古时期，古人因蟾蜍强大繁殖能力，对其产生信仰，以蟾蜍表达了人们对多子多孙的向往。汉

图6　金蟾童帽

代出土画像石《西王母仙境图》中的蟾蜍图像，象征了长寿。《太平御览》引《玄中记》中记载："蟾蜍头生角，得而食之，寿千岁，又能食山精。"传说吃了长角的蟾蜍可长寿一千岁。民间传说中认为月宫中有蟾蜍。《论衡·说日》中记载："日中有三足乌，月中有兔、蟾蜍。"南阳汉代出土墓画中有三足乌与蟾蜍的图像，三足乌代表太阳，蟾蜍代表月亮，二者同在，表示阴阳关系。月亮中的金蟾原为四条腿，受到三足乌影响，流传至民间有了三足蟾的说法。清代《述异记》记载："古谓蟾三足窟月而居，为仙虫。"《淮南子》中记载："月中有桂树。""桂"与"贵"同音，所以又称科举高中为"蟾宫折桂"[2]。后来蟾蜍纹饰作为贵族喜爱的装饰图案，寓意着富贵。民间传说金蟾能口吐金钱，是旺财之物。清代流传有"刘海戏金蟾，步步钓金钱"的故事，寓意财源兴旺。

以金蟾作为主体形象制作童帽，用粉色、绿色搭配，符合儿童喜爱对比鲜明的色彩心理。金蟾造型生动，头部形象可爱稚拙，蟾足用立体贴绣表现，蟾身圆润、蟾尾造型俏皮，并在帽前围缝缀玉石坠作装饰，是将传统文化中的精神与童趣完美结合的产物。

4. 近代黑缎地贴绣福寿纹童帽（图7）

人类的生存依赖自然，古代先民们敬畏天地万物，将星空、草木、动物、山水，提炼成艺术创作的元素，反映出人类认知自然、与自然和谐共生的状态。万物皆包含阴阳，阴阳相互作用构成"和"，"和"是宇宙万物的本质及天地万物生存的基础。先民们在农业生产实践中，提炼出对自然万物的认识与情感，感悟的同时探求"天人合一""物我协同"的精神归宿。中国古人对风雨雷电等自然现象，天体星象变幻的记载，体现了人对自然的认识及与自然的共处的关系。古人以二十四节气记录季节变化，并引导人类耕种与生活。通过流传下来的文物印证了人类生活与自然变换之间的联系。

中国传统文化中认为金、木、水、火、土五行是构成世间万物的根本，五色是本

图7 福寿纹童帽

源之色。青、白、红、黑、黄为正色，分别代表东、西、南、北、中五个方向，对应木、金、火、水、土五行。

黑色在《易经》中被认为是天的颜色。从氏族社会到秦朝，黑色一直备受推崇，象征方位中的北方，代表五行中的水。白色在中国古代色彩观念中，具有多义性，象征着西方，代表五行中的金。红象征着吉祥喜庆，代表五行中的火，象征着南方。逢年过节，婚嫁喜事，用红色来表现喜庆的氛围，象征着吉祥。黄色寓意着高贵，在五行中代表了土，象征着中心位。黄色曾作为代表皇权的专属颜色。汉以后的历代王朝，将黄色作为皇家专用色彩，平民百姓不得以赤黄为衣。青色代表五行中的木，象征东方，寓意着生机。古代器物和服饰中常用青色，古代文学作品中常以青色描述天色。

百姓们在制作儿童服饰品时，将中华传统文化的精髓以色彩的形式表现出来，将具有深厚文化底蕴的色彩与民间的吉祥图案相结合，将中华文化的博大精深巧妙运用在日常生活用品中。

此件童帽颜色以青、赤、黄、白、黑五色为主色搭配，大面积使用黑色，辅以间色，以剪贴绣表现蝙蝠、寿桃、"卍"字纹图案，并缝缀玉雕佛像坠饰，有"福寿绵长"的吉祥寓意。

5. 近代红缎地刺绣花蝶纹毛边童风帽（图8）

风帽造型像观音头上的装饰物，又名"观音兜"。最早出现于汉代，明清时期流行于民间。清代《红楼梦》中有关于风帽的描述："宝玉听了只得回来，刚到沁芳亭，见探春正从秋爽斋来，围着大红猩猩毡篷，戴着观音兜。"风帽大人孩子均可佩戴，常用于寒冷季节，在帽里加棉或动物皮毛来防寒保温。儿童佩戴风帽除了审美需求外，主要起保暖的作用。此件风帽为红缎地内附加棉、毛材质，应是儿童于冬季佩戴。前部缝沿处有刺绣花卉纹和蝴蝶形搭扣装饰。帽身有刺绣花蝶纹和流苏装饰。绣工精巧，色彩艳丽，质地华贵，是富贵人家为儿童所做。

图8 花蝶纹毛边童风帽

三、履履生风——童鞋

古人们向往生活美好,但伴随着他们的是大自然中无法抗拒和躲避的灾难、疾病,这些常被百姓归为"邪气"。人们认识到大自然中一些动植物的特点,将这些形象借助设计手段,制作成为儿童消灾辟邪的服饰品。兽鞋是具有辟邪驱魔寓意的儿童服饰品之一。通常有"虎头鞋""猪头鞋""兔头鞋"等形式。这些动物象征了旺盛的生命力,孩子穿上这种鞋,能够像这些动物一样容易养活、健康成长。

1. 近代红缎地刺绣双龙戏珠童靴(图9)

龙是古代传说中的两栖动物,产生于华夏图腾文化,三皇五帝以龙作为图腾。珠,指代珍珠、夜明珠,相传龙珠可避水与火,是吉祥的象征,百姓喜欢在庆典时举办舞龙表演来助兴。由一人持彩珠(也叫"彩球")与双龙戏舞,称作"二龙戏珠"或"双龙戏珠"。双龙戏珠是两条龙戏耍或抢夺一颗火珠。起源于中国天文学中的星球运行图,火珠是由月球演化而来。西汉时双龙戏珠作为一种吉祥的装饰图案,多用于建筑彩画和器物装饰上。文学作品《红楼梦》中曾描述宝玉"头上戴着束发嵌宝紫金冠,齐眉勒着二龙戏珠金抹额。"

此童靴为软底靴,尺寸较小,为幼童制作。靴身装饰刺绣龙身纹样,靴面为概括化的龙头,呈现出简化的兽类形象,更贴近儿童审美。每只靴的龙头各含金属珠一枚,借用了"双龙戏珠"的概念,为了取"成双"的吉祥寓意而取两枚珠装饰。龙头胡须以金属丝制作,呈现立体造型,龙口衔珠并配流苏装饰,欲表现吞云吐雾之感。采用了盘绣、垫绣、贴绣、平针绣等多种刺绣技法,制作精巧,造型生动可爱。

图9 双龙戏珠童靴

图10 莲花纹童凉鞋

2. 近代贴绣莲花纹童凉鞋(图10)

在中国古代诗歌里,荷花是坚韧不屈、高洁

品质的象征，被文人称为"翠盖佳人"。其有"出污泥而不染"的高尚品格，古代文人常用荷花来象征各种美好的事物。周敦颐《爱莲说》中描述："予独爱莲之出淤泥而不染，濯清涟而不妖"，李白诗句中描述："清水出芙蓉，天然去雕饰"表达荷花的天然之美，洁身自好的高贵品质。荷花别名"青莲"与"清廉"同音，故用荷花来寓意为官清正。由青莲和白鹭组合的图案寓意"一路清廉"。"荷"与"和"谐音，有以荷花、海棠、飞燕构成一幅"何（荷）清海宴（燕）"图案，寓意着天下太平。佛教中的八宝吉祥图案即以莲花为首，寓意吉祥。

此件童鞋，以荷花造型表现鞋面，荷叶造型表现鞋后帮。前后衔接处为镂空，鞋侧帮面积较小，是适合儿童夏天穿着的凉鞋。以包金绣、钉绣、贴绣等刺绣技法表现细节。造型生动有趣，色彩搭配独具匠心，刺绣针法细腻，是一件倾注了制作者心血的童凉鞋。

3. 近代缎地刺绣花卉纹童靴（图11）

植物纹样在我国有着悠久的发展历史，从新石器时期的简单植物陪衬纹饰到隋唐时期植物纹样的兴盛，植物纹样逐渐展现出本土化的特征。随宋代花鸟绘画的发展，使植物纹样呈现出多样化，花鸟纹兴起于北宋时期，在明清时期达到鼎盛，一直延续到近代，呈现出多种形式。因其具有抒情性和寄托性，许多文人墨客喜欢用花鸟纹饰来寄情达意，抒发美好又不可言喻的情感。

此件童靴，靴身用大面积的刺绣花卉植物纹表现，花卉造型简洁，花茎和细节部分用金线表现。鞋面刺绣部分为花鸟纹图案。靴身大面积使用紫色、白色、绿色等高纯度色彩搭配，并以金色辅助装饰。此件童靴尺寸较小，底部为软底，是幼龄童靴，因幼儿脚部尚未发育成型，不宜受束缚，所以靴面与靴身造型以一片式剪裁，使脚部活动空间更加宽泛，便于穿脱又利于幼童成长。

4. 近代红绸地刺绣双鱼纹童鞋（图12）

鱼纹曾是中国古代青铜器纹饰之一，早期图案为鱼的形态，脊鳍与腹鳍各一个或两个，常用于装

图11 花卉纹童靴

饰盘内，将纹样与器物造型相结合。《史记·周本纪》中记载："周有鸟、鱼之瑞……"《太平御览》卷九百三十五引《风俗通》记载："伯鱼之生，适用馈孔子鱼者，嘉以为瑞，故名鲤，字伯鱼。"鱼在古人的心中，是祥瑞的代表。在汉代画像石中，有大量鱼纹出现，表现的多为鲤鱼，并常与龙纹、凤纹组合搭配。鱼类生殖繁盛，有多子多孙的寓意。

此件童鞋用鱼的元素作刺绣图案装饰，将鱼的造型与鞋身形状巧妙结合。人们喜爱用鱼纹来装饰童鞋，以此祈福孩子健康成长，并取"鲤鱼跃龙门""连年有余"的美好寓意。

图12 双鱼纹童鞋

5. 近代红缎地刺绣猪头童鞋（图13）

民间有俗语："富不离书，穷不离猪。"家畜是农村家庭经济的主要来源，是古代田园耕织、民生为本的家庭经济保障之一。北方过年有"杀猪宰羊"习俗，以此表达百姓生活富足，预示来年好运。猪也是民俗十二生肖之一。因"猪"与"诸"谐音，借喻"诸事如意"。

图13 猪头童鞋

猪作为民间的吉祥物，其造型常被用于童鞋设计中，其敦实憨厚的形态与儿童的呆萌可爱相得益彰。此件童鞋用立体贴绣表现猪耳朵造型，眼、鼻造型简练，鞋面以流苏装饰。色彩选用红绿对比色搭配，更显得精致活泼。

四、颈上芳华——围嘴

围嘴，也称"围涎"，是幼儿成长时期的必备实用品之一。围在儿童颈部以保护里层衣物，可防止口水弄脏衣物，形态与成人云肩相似，围涎也被称为"小云肩"。其结构较简单，通常在圆形布料中间挖出领窝，向上剪出开口，再加上缘边装饰。

其早期图像可追溯至唐代敦煌壁画中。兼具实用性与装饰性，时至今日仍为幼儿使用。制作者加入了自身的审美偏好，围涎的款式多样化，有几何形、植物形、动物形、器物形等。

1. 近代黑棉地贴绣蝙蝠纹围嘴（图14）

围涎造型多为平面化，巧妙运用人物、动物、植物、器物及抽象几何形等元素体现形式美感。整体造型对称均衡有秩序美。常见的儿童围涎造型有圆形、方形、动植物形、人物形和衣身一体形等，丰富多变。围涎的整体造型呈放射状，裁剪方式有四片式、八片式，也叫四方、八方，象征着四时八节，与中国传统方位相对应。中国古代建筑讲求四方四合，八方吉祥，八方代指春节、元宵、清明、端午、七夕、中秋、重阳、腊八这八个节气，围涎制作也采取了这样的方式，使人得自然造化，以求八方平安。随着后来的发展，延伸出五方、八方等形态[3]。

因"蝠"与"福"谐音，在中国传统文化中将蝙蝠寓意为"遍福"，蝙蝠一直作为福瑞、吉祥、幸福的象征。蝙蝠纹是中国传统纹样之一，最早出现在春秋战国时期。改变了现实中蝙蝠外形丑陋的形象，使之变得美观，成了接福纳祥的标志。蝙蝠纹被人们喜爱，在传统吉祥图案中占有重要的地位。它不仅出现在书画、陶瓷等艺术品上，也常应用在建筑、家具、衣服等日常用品中。两只蝙蝠并在一起，寓意"双重福气"，五只蝙蝠被称为"五福临门"。

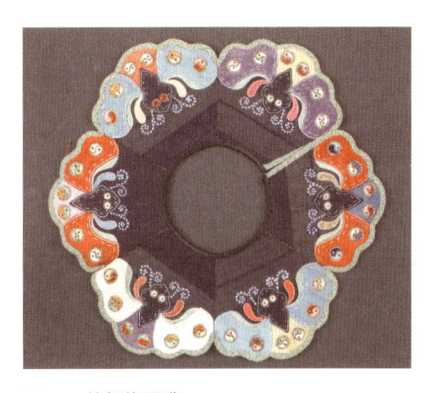

图14 蝙蝠纹围嘴

此件围嘴为六片式结构，每一片都是独立的蝙蝠图案。取"六六大顺"的吉祥寓意，用鲜艳的色彩，剪贴绣的技法表现了蝙蝠纹样，既体现了简约的民间艺术风格，又表达了对于生命延续的代表者——家里幼儿的美好祝福。

2. 近代红缎地刺绣蝶恋花纹围嘴（图15）

中国古人将蝴蝶与牡丹、桃花、菊花和

图15 蝶恋花纹围嘴

梅花等组合在一起的纹样称为"花蝶纹""蝴蝶戏花"或"蝶赶花"等，这些可通称为"蝶恋花"。其中的蝴蝶象征男子，花朵象征女子，以"蝶恋花"作为对"才子佳人""才郎淑女"美好愿景的代表。

"蝶恋花"本为词牌名，出自唐教坊曲❶。宋代柳永、苏轼、晏殊等人创作了很多以《蝶恋花》为词牌的经典绝唱，在中国传统纹样发展进程中，蝴蝶纹样出现较晚，与中国早期的神兽崇拜有关。唐代时伴随着"陵阳公样"的诞生，蝴蝶图像伴随着花卉纹也出现。随着唐宋时期诗歌的流行❷和绘画题材中花蝶组合的出现，蝴蝶纹也流行起来。[4]

此件为衣身一体形围嘴，用刺绣手段表现了蝶恋花的图案。围嘴外加缝白色花边装饰，起到加固和扩大保护面积的作用。儿童是家族的希望，同时也是夫妻爱情的结晶。选用蝶恋花的图案作为主题，体现了家族的喜好信仰，也表现了百姓对幸福生活的憧憬。

3. 近代红缎地刺绣狮子滚绣球围嘴（图16）

狮子滚绣球是一种备受百姓喜爱的民俗活动，表达了人们企盼厄运消散、好运降临的愿望。希望狮子能够赶走厄运，绣球可以带来好运。

早在《汉书·礼乐志》中有相关记载，我国汉代民间流行"狮舞"❸，古人认为狮子震慑力强大，有狮子在的地方，一切妖魔鬼怪都会远离。每到节日或红白喜事时，都会举办狮子滚绣球的活动，以求好运。绣球是用丝绸、花布等制作成的球状物，常用在传统婚礼中，有吉祥喜庆的寓意，于是有了"狮子滚绣球，好事

图16 狮子滚绣球围嘴

---

❶《蝶恋花》分上下两阕，共六十个字，一般用来填写多愁善感和缠绵悱恻的内容。

❷ 唐代李商隐在《锦瑟》中描述："庄生晓梦迷蝴蝶，望帝春心托杜鹃，沧海月明珠有泪，蓝田日暖玉生烟。"李白在《长干行》中："八月蝴蝶黄，双飞西园草。"描写了蝴蝶的成双成对，翩翩飞舞的场景，反衬出夫妻的离愁别恨，意境悠远。杜甫《曲江二首》中也有对蝴蝶的描写："穿花蛱蝶深深见，点水蜻蜓款款飞。"南宋诗人杨万里《宿新市徐公店二首》中有："儿童急走追黄蝶，飞入菜花无处寻。"

❸ 两人合作，穿上戏服，一前一后扮演成一只狮子，其中一人手持彩球逗之，上下跳跃，舞动起来生动活泼。

在后头"的含义。后来人们把这项活动画了下来，形成"狮子滚绣球"的图像，将狮子和绣球这两者结合成了纹样，作为承载了人们美好愿望的吉祥图像。

此件围嘴为一片式圆形围嘴，将圆形平均分配为六个框架，每一框架内表现狮子、绣球图案。外缘装饰深色贴边，起到固定和耐污的作用。深蓝色与大红色作为主色，搭配绿色、粉色等鲜艳色彩。可见此时期民间刺绣作品大胆、率真的艺术风格。

五、儿童服饰品常见的设计方法

自古以来人类企盼健康长寿，家庭美满，生活富足。人们将具有吉祥含义的自然界物体形象，演化成具有美好寓意的图像符号。并将其作为儿童服饰品的素材。从宫廷贵族到百姓人家，都以"吉祥如意"作为对美好生活的憧憬。人们从自然界和宇宙星体中寻找"天人合一"的规律与奥妙。借用花卉、禽鸟、器物、文字等图案来表达对生命的信仰和对生活的热爱，以及对高尚精神世界的追求。在儿童服饰品的设计手段中，这种"有图必有意，有意必吉祥"的思想体现得淋漓尽致。

1. 语言因素

语言是最能反映出一个民族的历史、文化、生活和风俗习惯的载体。汉语的历史悠久，可以说是世界上现存历史最久并具有连续书写系统的语言之一。汉语不仅音节数量大，同音调多，并且声调复杂。汉语中的谐音，即利用同音或近音的字来代替本字，大量地应用于百姓的衣食住行、节日、礼仪等方面。以此来表达逢凶化吉，祈求吉祥平安的愿望。如今，这种用法在生活中仍很常见，如"年年有馀（鱼）""大吉（橘）大利（荔）""岁岁（碎碎）平安""五福（蝠）临门"等。谐音吉祥语在发展中，也与"诠物""咏物"相结合，以此衍生出丰富的祈福吉祥图案。这些图案作为儿童服饰品的主要设计元素，大量地应用在儿童的服饰中，并借此表达对儿童的健康成长及对于家族兴盛、生活平安顺遂的美好期望。

2. 仿生手法

儿童服饰品的设计中常融入制作者的个人生活经验和地域环境特征与民族习俗，是审美性与功能性相结合的实用品。百姓的智慧形成了独特的设计风格。当今的仿生物形态设计方法也可在儿童服饰品设计中有所体现。仿生设计是将生物体（包括动物、植物、微生物等）和自然界物质（如日、月、风、云、山、川、雷、电等）的外部形态及其象征寓意，通过相应的艺术处理手法应用于设计之中。以自然生物体具有的典型外部形态为蓝本加以提炼，运用夸张、变形等手段，进行实用品的外观设计。将生物体外形美感特征与人们的审美需求相结合。辽宁省博物馆馆藏的大量童帽中可见这种从动物、植物中提取造型元素进行设计的方法。

3. 借物寓情

自西周时期，中国古代文人已有借物寓意、借景抒情来表达内心的情感与寄托。沈祥龙《论词随笔》中记述："咏物之作，在借物以寓性情，凡身世之感，君国之状，隐然蕴于其内。斯寄托遥深，非沾沾焉咏一物矣。"日常生活中的植物因其生长方式与形态，被文人赋予了拟人性格及美好寓意。"访花记志""借花抒情"赋予花草新的生命意义[5]。这些花卉典故与故事传说，也以谐音寓意方式，呈现在绘画作品中。在儿童服饰品中常见以此方法作为主要设计手段。如借"蝉"寓永生，借"鱼龙"寓金榜题名，借"金蟾"寓财源广进，借"狮子绣球"寓好事连连，借"喜鹊梅花"寓喜上眉梢，借"蝶恋花"寓美满幸福，借"牡丹"寓富贵，借"卷云"寓高升如意等。形成的纹样历经数千年的历史，取法自然、应用广泛。内容涵盖了山水风光、花鸟虫鱼、飞禽走兽、琴棋书画等，又不乏奇思妙想。

六、小结

清代的中国纺织业，见证了中国封建社会最后的高峰与辉煌，纺织工艺技术日趋精湛，纺织品品种增多。此时，我国纺织品双向的供求补给关系使得往来贸易更加频繁化、常规化、固定化。近代资本主义萌芽为纺织业发展起了深刻的影响与推动作用。求奢风潮的兴起也助力了商品经济的出现。高档的工艺品逐渐走入民间，在物质生活丰富的时代，手工业生产的专业化和城镇商业贸易的兴盛，促使城市孕育了市民阶层文化，世俗之风盛行。

服饰品的风格和品种产生了转变，高档的织物由织锦变为缎，棉布替代丝绸成为产量最多的织物。发展到现代，影响了儿童服饰品设计中的面料选择，大量出现棉、缎制作的服饰品。在儿童服饰上可见民俗审美文化。此时盛行实用性，功利性的审美风格。在古代严格的封建等级制度下，为皇室贵族专有的装饰纹样仍然不能用于平常百姓人家，但物质丰富条件下的人们必然会对更美好的生活充满向往。于是，自宋代成型的吉祥纹样在明清之后尤为盛行，通过解析近代儿童服饰品的风格与特点，恰好可以探究我国纺织品风格的流传与发展。

七、后记

"谁言寸草心，报得三春晖。"唐代孟郊的《游子吟》诗中表达出父母对于孩子深深的牵挂[6]，手工制作的儿童服饰则是这种情感的直接体现。辽宁省博物馆收藏了一批的清代末期至中华人民共和国成立前的儿童服饰品，这些藏品造型可爱生动、色彩鲜艳活泼，每一件都是独一无二的。它们是童年记忆与成长的见证，也反映出时代的精神风貌和审美特征。看着它们憨态可掬的造型，直率天真的表达方式，如同孩子眼中的纯真世界，让人仿佛回到了那阵阵蛙声的池塘边，不禁回忆起无忧无虑的童年时光。

参考文献：

[1] 后晓荣，王子煜. 给孩子的博物文化课：中华服饰有多美[M]. 北京：中国纺织出版社有限公司，2020.

[2] 赵运涛. 符号里的中国[M]. 北京：中华书局，2021.

[3] 何巧梅，贺阳. 晚清民国儿童围涎造型艺术研究[J]. 设计，2019，32（2）：88-90.

[4] 扬之水. 明代金银首饰中的蝶恋花[J]. 收藏家，2008（6）：60-65.

[5] 姜又文. 富贵花开又一年——中国绘画玉堂富贵题材赏析[J]. 大观，2022（1）.

[6] 李茜，邱琦. 中原传统儿童服饰图鉴（二）[J]. 服饰导刊，2020，39（1）：91-96.

从龙凤虎纹绣看先秦绣品中凤纹的流行与传播[1]

杨汝林[2]，徐　铮[3]，王淑娟[4]

> **摘要**：凤凰作为一种神鸟，早在先秦时期就已流行，被广泛运用于织绣作品中。以马山楚墓出土龙凤虎纹绣为代表，早期的凤形态多姿、丰满华丽，构图轻盈且极具规则。楚凤在刺绣作品中出现时形象较高大且神圣，从艺术形态上代表了楚人的文化与喜好，这种美学被长江流域的先民所接受并广为流传，最终通过丝绸之路传播出去。
>
> **关键词**：楚凤；龙凤虎纹绣；马山楚墓；锁绣

楚文化是华夏文明的重要组成部分，湖北江陵马山楚墓出土的服饰是楚文化特征的典型代表，其中尤以龙凤虎纹单衣为特色，对于其工艺的认知和复原对发扬我国传统文化将会起到重要作用。龙凤虎纹作为楚绣研究中宝贵的文化财富，对马山楚墓中龙凤虎纹的研究，沈从文先生编著的《中国古代服饰研究》一书中对其进行相关的描述；王亚蓉先生对马山楚墓出土服饰的大部分纹样均作了复原研究，对龙凤虎纹单衣

---

[1] 基金项目：国家文物局重点科研基地自筹经费科研项目"马山楚墓出土单衣的科学认知与工艺复原"（项目编号：2020ZCK102）；新疆维吾尔自治区社科基金项目"旅游兴疆背景下新疆古代纺织品纹样整理研究与衍生设计"（项目批准号：20BYS144）；国家社会科学基金项目"南方地区原始纺织机具的考古发现与研究"（项目批准号：19CKG023）。
[2] 杨汝林，中国丝绸博物馆副研究馆员，研究方向为纺织品文物修复与形制研究。
[3] 徐铮，中国丝绸博物馆研究馆员，研究方向为古代织物组织与纹样。
[4] 王淑娟，中国丝绸博物馆研究馆员，研究方向为中国传统服饰。

做了刺绣及形制的初步复原。近年来，各大机构、博物馆、学者对于其的研究也层出不穷。2009年清华大学美术学院孙翠玲的《从龙凤虎纹样看巫文化对马山服装纹样的影响》以龙凤虎纹为线索，阐述了巫文化对于马山服装纹样的影响。北京林业大学袁荻于2017年发表的硕士毕业论文《楚绣龙凤虎装饰纹样研究》结合了荆楚刺绣的文化背景，对于楚绣龙纹、凤纹、虎纹的文化内涵和文化精神进行了系统的研究。江南大学夏添博士的《先秦至汉代荆楚服饰考析》论文，以墓葬划分，将先秦至汉代的服饰进行了整理，绘制了相关的形制图、纹样图，并作了对比。2020年，由刘露等联名发表于《丝绸》杂志的《马山一号墓中楚绣艺术特征探析》建立了马山一号墓的楚绣数据库，探讨了其绣品的艺术表征，并对其内在成因展开了分析。

2020年，纺织品文物保护国家文物局重点科研基地（中国丝绸博物馆）与荆州博物馆合作，申报国家文物局重点科研基地自筹经费科研项目"马山楚墓出土单衣的科学认知与工艺复原研究"课题，对楚文化及服饰、纹样资料等进行相关的整理与研究，并期在此基础上做到工艺的复原。

一、龙凤虎纹绣

从西周经春秋到战国，在出土的楚国文物中都能看到用不同手法表现的凤凰形象，其中就包含了大量的凤纹刺绣和织锦，尤其又以湖北江陵马山楚墓最盛。江陵马山一号楚墓于1982年初发掘于湖北省江陵县（现为湖北省荆州市荆州区），地处楚都纪南城西北方向，与之相距约8公里。墓中出土龙凤虎纹绣罗单衣一件，是墓主人身上第六层（从外到内）服饰。出土时衣身、衣袖分别放于尸体上部，包叠时先将两侧衣襟各向内对折，然后将左侧衣襟覆于内层衣衾之上，再将右侧衣襟盖于左侧衣襟上，未缝制成衣[1]（图1）。

图1 龙凤虎纹绣罗单衣出土后展开状态（来源：《江陵马山一号楚墓》）

（一）龙凤虎纹绣罗单衣基本信息

此单衣未缝制成衣，分四个部分：左襟、右襟、左袖、右袖，其中袖展274厘米，身长175厘米，长袖窄口，袖缘宽12厘米，领缘宽4厘米[2]（图2、图3）。通体为丝织物上刺绣动物纹样，轻薄透明，单层无衬里，领缘、门襟及下摆边缘镶缝织锦，因年代久远，保存情况欠佳，已十分糟朽残破。此绣品中，可见龙、凤、虎三种动物形象。其中，凤的形态华丽矫健，一足后蹬作腾跃状，另一足前伸，力擒下部龙的颈部，龙则作侧首逃窜状（也有学者认为此小龙为"虬"）❶。而凤的一翅击中上部一龙的腰部，此龙欲遁，反身呈S状。凤的另一翅击中前方一只斑斓猛虎的腰部，此虎昂首，张牙舞爪。图案中以二龙一凤一虎组成方形构图，展开的凤翅将图案对角裁切，头顶花冠几乎与身等长，分为两叉。纹样整体呈纵向连贯排列的菱格状，每个菱格基本为一个图案单元，其高约50厘米，宽约46厘米，呈左右对称状，包含八龙四凤四虎，龙左右各四条，上面两只凤鸟的花冠相对垂于菱形格中间位置，下面凤鸟的花冠分垂于菱形格外部。横向占满整个布幅，且整幅布满刺绣。其构图别致，加以生动的表情，流线型的身躯，显得轻盈灵动。

单衣刺绣色彩丰富，有红棕色、黄棕色、黄绿色、黑色、米色、朱红色等多种，绣线均有褪色现象，以虎纹上的朱红色最为鲜艳。

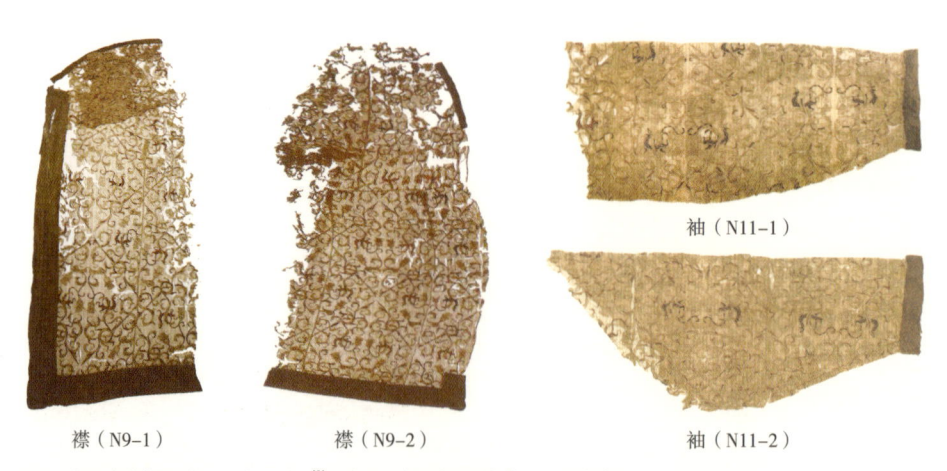

襟（N9-1）　　襟（N9-2）　　袖（N11-1）　　袖（N11-2）

图2　龙凤虎纹绣罗单衣（共四片）[3]（来源：《灵动的彩虹》及作者拍摄）

---

❶ 彭浩认为，此图实际应是一幅四方神灵图，龙与虎相对即表示东方与西方相对，凤鸟与虬相对即表示南方与北方相对，反映了楚人对宇宙的看法。

图3 龙凤虎纹绣罗单衣复原图（来源：赵芝莹绘）

（二）面料及刺绣工艺研究

发掘报告记载，单衣面料为罗。罗是目前世界考古发掘最早的丝织物品种之一，在先秦的一些墓葬和遗址中多有发现，例如2019年河南荥阳汪沟遗址中就发现距今5300~5500年的四经绞罗。根据现场信息提取，可知马山楚墓中的龙凤虎纹绣罗单衣（N9）的面料为四经绞素罗，它的组织结构是左右两根经线（绞经和地经）有规律地交替向左右绞转，每相邻的四根经线形成近似六边形的网孔，每织入四根纬线完成一个组织循环。借助SCALAR便携式显微放大镜对文物进行分析，同时参考考古发掘报告，可知这件四经绞罗经线较粗，经线密度为40根/厘米，纬线较细，纬线密度为42根/厘米（图4）。

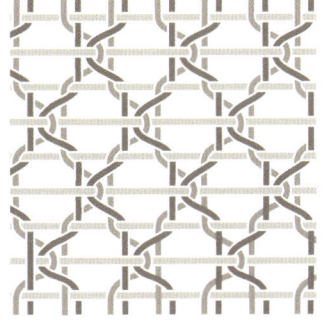

图4 单衣局部及组织结构图（右图来源：王乐绘）

单衣的缘边织锦由深棕、深红、土黄三根不同颜色的经线组成一组,深棕线作为纹,深红和土黄色线用作显示花纹(图5)。单衣的袖缘和领缘为 B 型大菱形纹锦,经密 132 根/厘米,纬密 38 根/厘米;下摆缘为 C 型大菱形纹锦,经密 132 根/厘米,纬密 42 根/厘米。

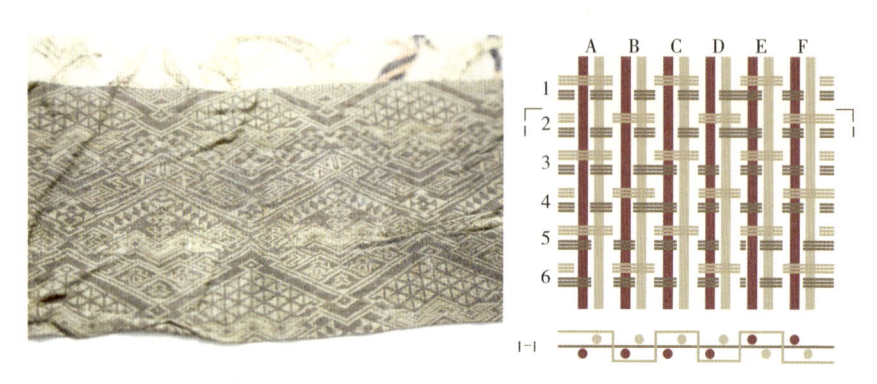

图5 单衣的袖缘局部(右图来源:王乐绘)

龙凤虎纹单衣衣身采用四经绞罗地上锁绣技法缝缀动物纹样,通过色块组合及边缘勾勒表现动物形象。锁绣是由线环逐一圈锁而成,各个圈套组成链式,因绣迹似锁链而得名,主要特点是由底部向上起针,每两针引线成一环,然后在上一针的线环内出针,环环相套刺绣。早在商代殷墟出土的觯上丝织物印痕上就有锁绣痕迹[4],陕西宝鸡茹家庄发现的西周时期刺绣中,有通过单根和双根的锁绣线条变化增强纹饰效果[5]。目前所知,楚汉墓葬出土的刺绣作品中,有相当数量都使用了锁绣技法。绣工一般先绘制线稿,用深色单条锁针勾边,然后按照预设的纹样特征,分区域和色块实施锁绣,并且可以根据图形走势与布局选择合适的弧度、位置来完成刺绣作品,相较织造的纹样而言,刺绣则更具有发挥空间。这种技法在当时极为流行,也影响到后世的创作,如马王堆 1 号汉墓"非衣"帛画中轪侯夫人曲裾上的乘云绣纹饰[6],荆州凤凰山汉墓乘云绣荒帷等绣品上均使用了锁绣。

龙凤虎纹单衣中,动物的身体多采用紧密排列的锁针,以盘绕的方式绣成。其中,凤纹周身以单条锁针勾边,身体使用两条,但花冠顶端部分的锁针与其他处不同,两根紧密相连的锁针间绣一根间隔锁针,减少了针脚。据测量,其单个锁环长约 2 毫米,宽度约 1 毫米,十分细致精美。

二、马山楚墓出土绣品中的凤形象

楚国的绣品集中发现于马山一号楚墓,从出土文物看,其色彩艳丽,构图浪漫,主题为各式凤、龙、虎等动物纹样以及花卉草木等植物纹样。这些纹样均有严格的排布与原则,有对称、变形、翻转等规则,形成单独纹样、连续纹样以及综合纹样,整体构成大多呈方形、菱形等。骨架清晰、色彩鲜明,在纹样之间常有变形的花草穿插作为装饰,使整体绣面充实、富有变化、独具风格。

该墓共出土了23件刺绣作品,其中2件因残存实物太少,无法辨认其纹样风格,其余的21件刺绣中,均能看到凤的身影,无一例外。这些凤鸟造型姿态各异,互不雷同,用以下几种方式对凤鸟形象进行分类:

1. 按站立姿势分

从凤的站立姿势来分,可将其分为行凤和立凤两大类(图6、图7)。行凤多以侧面出现,通常挺胸阔步,器宇轩昂。立凤的造型更为多变,有正、侧、斜三种,侧面形象的凤在织锦中出现较多,形象较为拘谨;出现最多的是斜立形象的凤,变化最多,也最为灵动。尤其是一件凤鸟花卉纹绣其凤首正向,双翅平举,翅尖处向内弯曲,顶端又各生出一只侧向的凤首,形成三首,十分别致。花草枝蔓则多用作间隔或衬托,构图活泼、多样,无拘无束。这种"三头鸟"的形象与商周时期一些青铜器上的动物纹样构图方式类似,为平面展开的方法。据彭浩先生分析,当时还未有透视的概念,要在同一个平面上表现一个动物的各个侧面,最简单最直接的方式就是将立体

图6 行凤(8-4A)局部 图7 立凤(N10)局部
(来源:《江陵马山一号楚墓》) (来源:《江陵马山一号楚墓》)

的纹样打开平铺[7]。以此凤为例，正面的头像上可见两只眼睛，侧面看上去各有一只眼睛，再将图片排列拼合以后，便形成了这种较为怪异的形态。

2. 按与其他动物的关系分

从动物数量上看，凤的形象经常作为唯一的动物纹出现，但均会搭配云纹卷草、花卉、藤蔓等植物纹样，整体呈流线型，灵动美观。凤也会与其他的动物一起出现，较多的是与龙的形象在一起，可分为一凤一龙、一凤二龙、一凤三龙和多凤多龙。这其中有龙凤各自单独呈搏斗、追逐状的，也有龙凤共身相蟠的，这些动物纹样又与花卉、几何纹样组合在一起，并按一定的规律对称，具有层次感，且图案循环清晰，层次感和观赏性极强。

除了与龙一起，凤的形象还与虎、蛇一起出现，前文已对龙凤虎纹绣罗单衣（N9）衣面的龙凤虎纹形象进行了较细致的分析，在此不赘述。较特殊的，凤鸟践蛇纹绣（8-3A）织品中，可见一只张开双翅的凤鸟正张嘴啄食一条蛇，其脚下另践一条蛇，这种纹样特征应与当时楚人的信仰与神灵崇拜有关，且在《山海经》中的不少神怪故事都是践蛇的记录（表1）。

表1　马山楚墓出土绣品中的凤❶

凤与其他动物的关系	名称（编号）	图片	描述
独凤	凤鸟凫几何纹锦衾（N5）内缘		凤鸟与几何纹样的组合
	对凤对龙纹绣浅黄绢衾（N7）内缘		凤鸟俯视图

❶ 说明：表格根据发掘报告统计，图片来源于发掘报告。

续表

凤与其他动物的关系	名称（编号）	图片	描述
独凤	凤鸟花卉纹绣浅黄绢面绵袍（N10）袍面		凤与植物，对角对称
	小菱形纹锦面绵袍（N16）袍缘		凤鸟和花草呈对角对称
	大菱形纹锦面绵袍（N19）袍缘		凤与植物
	凤鸟花卉纹绣红棕绢面绵袴（N25）袴面		凤与植物
	木俑（2）（4）丝裙面、凤鸟花卉纹绣红棕绢面（8-4A）		凤鸟和花草呈对角对称

续表

凤与其他动物的关系	名称（编号）	图片	描述
龙与凤	一凤一龙	竹席（44）缘部		龙凤相搏
		一凤一龙相蟠纹绣紫红绢单衣（N13）面		龙凤共身
		一凤一龙相蟠纹绣紫红绢单衣（N13）衣缘		龙凤相搏纹绣
	一凤二龙	一凤二龙相蟠纹绣（N12）缘部		龙凤共身
		蟠龙飞凤纹绣浅黄绢面衾（N2）		刺绣图案下部是一只高冠展翅而飞的凤鸟，嘴部与图案上部大龙的尾部相衔，凤鸟下部是一条卷曲的小龙，中间有花枝和十字形作为对称轴。除凤冠、凤翅用稀疏的单行锁绣线填充外，其他部分都为满绣

续表

凤与其他动物的关系	名称（编号）	图片	描述
龙与凤	一凤三龙	凤鸟凫几何纹锦面衾（N5）内缘		龙凤共身
	多凤多龙	对凤对龙纹绣浅黄绢面（N7）衾面 对凤对龙纹绣浅黄绢面绵袍（N14）袍面		共由八幅图组成。第一幅是一对身体蜷曲的虬，第二幅为磬形物，第三幅为一对相向舞鸟，第四幅为一对卷曲的龙，第五幅是一堆曲颈的凤鸟，第六幅是一堆虬，第七幅为一堆展翅的凤鸟，第八幅是一堆相背而立的凤鸟
		舞凤飞龙纹绣土黄绢面绵袍（N22）袍面		上下共四组纹样组成
		龙凤相蟠纹绣浅黄绢面衾（N2）衾面两侧		分两部分，每部分都为一只舞凤加两条逐龙，左右两部分凤鸟形象不同

续表

凤与其他动物的关系	名称（编号）	图片	描述
凤与蛇	衣（8-3A）面		一凤二蛇
凤与龙、虎	龙凤虎纹绣罗单衣（N9）衣面		一凤二龙一虎

3. 按构图方式分

在楚国绣品中，凤之造型变化多样，构图中运用了对角构图、分割构图、连续构图等，使得纹样形成方形、长方形、菱形等结构，单元纹样有对称构图及错排构图两种形式，分类如下：

（1）对称纹样：楚绣中有一部分纹样为对称图形，上下对称或者左右对称的都有，但由于织绣为手工制品，受工艺限制无法做到完全对称。虽看似是简单的对称，但楚人绣工技艺超群，为避免重复单调，在左右对称的纹样中，从上至下刺绣不同的动物纹样，形成组图。如对凤对龙纹绣浅黄绢衾（N7）、对凤对龙纹绣浅黄绢绵袍（N14）两件，共有八层不同的图案。有些对称图形图案单元较大，零散细小的图案在通过排列组合后，又形成方形或菱形的骨架，使其看起来更加规整（图8、图9）。

（2）错排纹样：单元纹样利用错位进行排列，这样可以增加纹样的变化感，视觉效果上也更加生动。在马山墓出土绣品中，这种纹样形式出现数量较多，有的错排单元纹样间距较大，有点间距较小，有的也会穿插卷草、藤蔓等较柔和优美的曲线，将简单造型的单元纹样通过这样的方式增强视觉上的变化（图10）。

图8 舞凤飞龙纹绣土黄绢面绵袍（N22）袍面——左右对称图形

图9 龙凤虎纹绣罗单衣（N9）衣面——菱形骨架

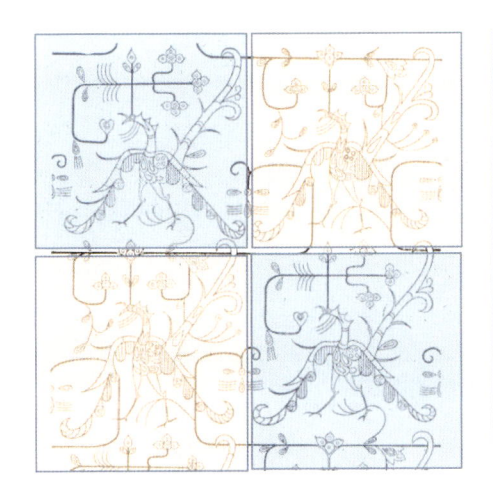

图10 错排纹样

三、先秦绣品中的凤纹的流行与传播

1. 先秦绣品中凤纹的流行

"凤"字早已出现于甲骨文中,这个象形文字整体呈一只大鸟的形态,冠、羽、尾特征明显(图11)。《山海经·南山经》中记载:"又东五百里,曰丹穴之山,其上多金玉。丹水出焉,而南流注于渤海。有鸟焉,其状如鸡,五采而文,名曰凤凰,首文曰德,翼文曰义,背文曰礼,膺文曰仁,腹文曰信。是鸟也,饮食自然,自歌自舞,见则天下安宁"。这些都说明凤的形象形成已早,且被古人广为运用及推崇。

图11 甲骨文中的"凤"

从出土文物看,最早的凤纹出现于原始社会时期,在陕西宝鸡北首岭出土的龙凤纹细颈壶及浙江余姚河姆渡遗址出土的牙雕凤鸟匕形器上都能见到凤鸟的雏形,在商周时期的青铜器、玉器中也能发现大量凤鸟图案,而目前所知丝绸上最早的凤鸟图案出现在山西运城绛县横水西周墓出土的饰棺荒帷上(图12)。荒帷采用锁绣技法,整体呈红色,由两幅面料横拼而成,每幅宽约80厘米,总高约180~200厘米,其中北壁的图案保存较为完整,至少可以发现3组不同大小的凤鸟图案痕迹,每组图案中间

图12 山西运城绛县横水西周墓出土荒帷上的凤鸟纹样(来源:《千年奇遇的荒帷》)

是一个大凤鸟纹的侧面形象，昂首，翅膀上扬，尾巴下卷，冠和翅的造型较为夸张，在大凤鸟前后是与它形象类似的多只小凤鸟，呈上下排列，这种造型的凤纹在西周中期青铜器上十分常见[8, 9]。

到了战国时期，绣品中的凤纹更为多见。1958年，长沙烈士公园3号墓葬中曾发现不少残破的带有凤鸟纹样的丝织品[10, 11]，其出土时粘贴在棺椁壁板上，刺绣的行凤行走于花草之间，身躯卷曲呈S状，十分矫健[12]（图13）。此件与马山楚墓舞凤飞龙纹绣土黄绢面绵袍（N22）构图相似，均为草叶纹与凤纹搭配出现且形成纹样骨架。1965年江陵望山2号楚墓中出土凤鸟花卉纹刺绣织物[13]（图14）。其纹样整体呈菱形框架，菱形内用两行或三行锁绣缝有龙凤图案，与马山楚墓出土一凤二龙相蟠纹绣（N12）缘部的刺绣十分相似，似为龙凤共身相蟠。1981年，江陵九店砖厂楚墓中出土凤鸟花卉纹刺绣和龙凤纹刺绣，有多件飞凤花卉纹刺绣、一凤三龙相蟠纹绣，并在木俑衣服上发现了刺绣[14]，这种木俑服装上使用刺绣作装饰的现象在马山出土木俑2号和4号上也同样出现。1987年，湖北荆门包山二号楚墓出土了极具楚凤特征一凤三龙相蟠纹绣等绣品[15]（图15）。菱形框架内可见凤身有两龙缠绕，其上方又有一龙回首望之，每个菱形单元呈交叉错排，构图风格在楚绣中较为常见。另一件一凤三龙相蟠纹绣褐红色绢面夹衾，据相关文献记载，其整体分为八部分不同的刺绣，这种同一块织物上刺绣不同纹样的表现形式在马山绣品中也有两件。

由上可见，这些凤纹绣品大量出土于楚国统治的两湖地区，或者受到楚文化影响的地域，而这种大量凤鸟形象的出现一般被认为与楚人的信仰相关。楚人奉火神祝融为先祖，而祝融则被认为是凤的化身，因此楚人把凤看作是祖先的象征，十分受尊崇。在历史典籍中，就有很多楚人将凤比作杰出人物的记载，如《论语》中楚国隐士接舆歌而过孔子曰"凤兮凤兮"，就以凤来比喻孔子。与后世龙凤并尊，甚至龙重于

图13　长沙烈士公园出土凤纹刺绣（来源：《长沙楚墓》）　　图14　江陵望山2号楚墓中出土凤鸟花卉纹刺绣织物（来源：《江陵望山沙冢楚墓》）

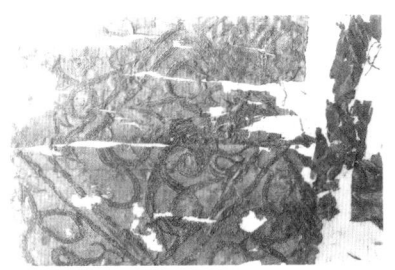

图15　包山二号楚墓出土两件绣品（来源：《包山楚墓》）

凤的观念不同，在楚国的凤纹绣品中多尊凤贬龙。这种现象的出现也与图腾崇拜相关，楚人的世敌吴人及继之而起的越人以龙（蛇）作为图腾，《吴越春秋》中载："吴在辰，其位龙也……越在巳地，其位蛇也"。彭浩在研究马山墓出土刺绣时对纹样作了深入的分析，如凤鸟原是作为风神出现的。风有"四方风"之称，与一年四季相联系，四季交替，气候变化，风神也就各不相同，因而也就产生了种种凤鸟形象。[16]春秋末年，吴人一度攻占郢都，被楚人贬为"封豕长蛇"，此后越国灭吴国，"龙蛇"合为一体，成为楚国在东方的心腹大患，直至楚威王攻杀越王无疆，尽取吴越故地，这场旷日持久的龙凤大战才以象征楚人的凤战胜吴人和越人的龙而告终。因此，崇凤贬龙或是凤斗虎的形象都是楚国装饰艺术中常见的主题，成为其特有的图案，展示了楚人的自信和自豪感。

2. 先秦绣品中凤的传播

值得注意的是，以龙凤虎纹绣为代表的凤纹绣品在早期丝路沿线也有发现，其中较为重要的如在新疆乌鲁木齐附近阿拉沟墓地发现的一些凤鸟纹绣残片[17]。

阿拉沟是一条东西向山谷，沿沟西行，再北上穿越冰达坂可通乌鲁木齐，向西可达巴音布鲁克草原，再远可至伊犁河谷，南经和静县则可达南疆重镇库尔勒。这一区域是古代丝绸之路"天山道"通往南北疆的要冲，战略位置十分重要[18]。出土有凤纹刺绣的竖穴石室墓即位于阿拉沟东口，根据碳十四测定，墓葬距今2700~2000年[19]，属于春秋战国时期。

这件绣品上的凤鸟形象头部虽然残缺，身躯部分保存较为完整，作行走状，尾羽高卷，姿态矫健（图16），其纹样风格与凤鸟花卉纹绣镜衣等两湖地区出土的凤鸟基本一致（图17），并且同样采用锁绣工艺制成，无疑是楚地生产的绣品。

图16　阿拉沟墓地出土凤鸟纹刺绣
（来源：《中国纺织考古与科学研究》）

图17　凤鸟花卉纹绣镜衣（局部）
（来源：《江陵马山一号楚墓》）

不仅如此，类似的凤鸟纹刺绣在更为遥远的西伯利亚地区也有出土，如在俄罗斯境内阿尔泰地区巴泽雷克5号墓殉马坑出土的一件凤纹刺绣鞍褥。此件刺绣鞍褥长226厘米、宽62厘米，凤纹与花草叶纹相互结合构成一组图案并重复出现，凤鸟昂首立于枝叶，花枝首尾相接，末端卷曲，图案从上至下分组对称出现（图18）。其整体构图、凤鸟的形象都与马山楚墓中舞凤飞龙纹绣土黄绢面绵袍（N22）袍面以及长沙烈士公园出土凤纹刺绣极为相似（表1、图13），风格更加写实，采用的也是楚地流行的锁绣技法。值得注意的是，这件绣鞍褥的边缘装饰两圈窄带状的蓝色毛毡，里面是一条红褐色的毛毡，上面有三齿状的皮革剪裁装饰，贴有金箔和锡箔，下缘装饰有三个由皮项圈固定的毛质流苏，体现出明显的游牧文化元素[20]。

同时，在巴泽雷克墓地中还出土了一件几何纹锦残片，其纹样风格与马山楚墓出土的龙凤虎纹绣单衣的衣缘织锦十分相像（图19），并且都采用平纹经重组织织造，有学者认为这种是当时只有中国才拥有织锦的技术，由此可以判断这块织锦是由中国传入的[21]。

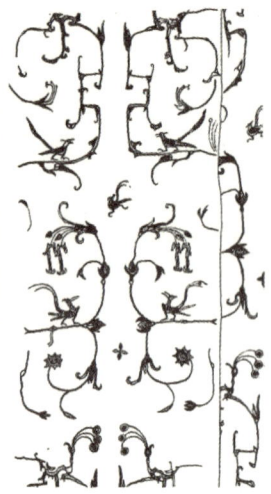

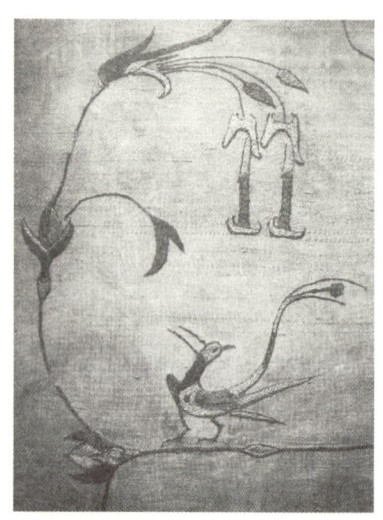

图18　俄罗斯巴泽雷克墓地出土凤鸟纹刺绣及局部（左图来源：茅惠伟摄；中图来源：《巴泽雷克墓地出土楚文化遗物初探》；右图来源：《锦程：中国丝绸与丝绸之路》）

图19　巴泽雷克出土几何纹锦残片（左）与马山龙凤虎纹绣单衣衣缘锦复原图（右）
（左图来源：《中国纺织考古与科学研究》；右图来源：叶晔绘）

除了丝绸之外，在中国新疆地区和俄罗斯阿尔泰地区还出土了漆器、铜镜、玻璃珠等其他具有典型楚文化特征的器物，如巴泽雷克6号墓出土的四山镜与长沙楚墓出土的四山镜形制相同，主要流行于战国晚期；新疆且末县扎滚鲁克墓地二期墓地M44出土的漆器残片与湖北江陵九店楚墓出土漆器上的涡纹或勾连云纹相似[20]。另一方面，在新疆阿拉沟东口竖穴木椁墓中出土的虎、狮等动物纹金银牌饰是斯基泰装饰艺术中常见的图案，阿拉沟东风厂墓地也曾出土最早见于塞人遗存的带柄圆形铜镜。由此说明这三地存在贸易或者文化交流，在通往阿尔泰山的道路上，丝绸贸易已十分活跃，楚地所产的丝绸等器物极有可能通过贸易、赠品等方式进入与之接壤的秦、赵等北方诸侯国，通过活动于再经河西走廊东端固原、天水、庆阳地区的戎人部落，经河西走廊进入塔里木盆地东南缘，再由我国新疆北部流转至今俄罗斯阿尔泰地区。而该路线最终的衰败，表明在匈奴的强压下阿尔泰地区与汉王朝之间的交流困难重重，说明文化交流与政治格局之间的密切关系。

四、总结

以龙凤虎纹绣为代表的楚墓刺绣凤纹造型，奇特神秘，无拘无束，纹样构图流动轻盈，画面或浪漫、或沉静、或激烈，是先秦文化与思想的集中体现。与这一时期中原凤形象相类似的纹样在阿拉沟以及巴泽雷克的发现，足以证明，在当时，中原地区的丝绸已经传入中国新疆、俄罗斯阿尔泰，销往丝绸之路上更遥远的地方。

参考文献：

[1] 湖北省荆州地区博物馆.江陵马山一号楚墓[M].北京：文物出版社，1985.

[2] 刘中玉.形象史学[M].北京：中国社会科学出版社，2022.

[3] 张卫平，张旗.灵动的彩虹——荆州战国丝绸的前世今生[M].北京：中国环境出版社，2016.

[4] 赵丰.中国丝绸通史[M].苏州：苏州大学出版社，2005.

[5] 袁宣萍.中国丝绸文化史[M].济南：山东美术出版社，2009.

[6] 湖南省博物馆，中国科学院考古研究所.长沙马王堆一号汉墓[M].北京：文物出版社，1973.

[7] 彭浩.楚人的纺织与服饰[M].武汉：湖北教育出版社，1996.

[8] 吉琨璋，等.山西横水西周墓地研究三题[J].文物，2006（8）：5.

[9] 吉琨璋，等.千年奇遇的荒帷[J].中国文化遗产，2006（2）：67-69.

[10] 吴铭生.长沙广济桥第五号战国木椁墓清理简报[J].文物，1957（2）：5.

[11] 高至喜.长沙烈士公园3号木墩墓清理简报[J],文物,1959(10):6.

[12] 湖南省博物馆,等.长沙楚墓[M].北京:文物出版社,2000.

[13] 湖北省文物考古研究所.江陵望山沙冢楚墓[M].北京:文物出版社,1996.

[14] 余兰,张晓霞.符号学视域下春秋战国时期楚国丝绸上凤鸟纹研究[J],丝绸,2022,59(11):10.

[15] 湖北省荆沙铁路考古队包山墓地整理小组.荆门市包山楚墓发掘简报[J],文物,1988(5):141.

[16] 赵丰,等.纺织考古[M].北京:文物出版社,2007.

[17] 新疆维吾尔自治区文物事业管理局,等.新疆文物古迹大观[M].乌鲁木齐:新疆美术摄影出版社,1999.

[18] 新疆文物考古研究所.乌鲁木齐市鱼儿沟遗址与阿拉沟墓地[J],考古,2014(4):17.

[19] 中国社会科学院考古研究所.中国考古学中碳十四年代数据集[M].北京:文物出版社,1983.

[20] 罗丰.丝绸之路考古(第6辑)[M].北京:科学出版社,2023.

[21] 赵丰.锦程:中国丝绸与丝绸之路[M].合肥:黄山书社,2017.